JONAS VERLAG

Die Deutsche Bibliothek – CIP-Einheitsaufnahme

Hessen kriminell : Orte des Verbrechens in Hessen /
Martin Maria Schwarz und Ulrich Sonnenschein (Hg.).
Mit Beitr. von Heiner Boehncke ... – Marburg : Jonas Verl., 1999
    ISBN 3-89445-253-6

© 1999 Jonas Verlag
für Kunst und Literatur GmbH
Weidenhäuser Str. 88
D-35037 Marburg
Druck: Druckhaus Beltz, Hemsbach
ISBN 3-89445-253-6

Inhalt

Vorwort

Immer, wenn man sich den Abgründen menschlichen Handelns zuwendet, mischt sich unter die moral- und gewissensgelenkten Zurückweisungen der Tat auch eine süße Neugier auf Details und Hintergründe des Geschehens, regt sich eine heimliche Lust am Schauder. Wir müssen aus unseren Herzen keine Mördergrube machen, um zuzugeben, daß dieses oder jenes Delikt durchaus auch unseren stets verborgenen Leidenschaften und Begierden entsprechen könnte. Die kriminelle Handlung ist und bleibt ein Teil der menschlichen Möglichkeiten.

Friedrich Nietzsche ordnete das Verbrechen unter die „Kategorie des Aufstands gegen die gesellschaftliche Ordnung". Diese nüchterne Definition ist ein zweiter Ansatz, sich den hier beschriebenen Fällen zu nähern und damit den sozialhistorischen Umständen Rechnung zu tragen, in die die Taten eingebettet sind. Auf diese Weise bieten die dreißig „Untaten" auch einen Blick durch die Hintertür der hessischen Geschichte, gerade weil hier auch Begebenheiten beschrieben werden, die einstmals kaum über alte Dorf- oder Landesgrenzen hinausgetragen worden sein dürften. Nichts jedoch gibt bessere Auskunft über die wirklichen Nöte, Zeitzustände oder die das Affektleben bestimmenden Verhältnisse einer Epoche als der justitiable Verstoß gegen die moralischen Normen.

Die Auswahl der Delikte bestimmte daher nicht der Superlativ, die Menge des geflossenen Blutes oder die größte mediale Aufregung, wenn auch einige der Täter wie auch der Opfer prominent sind. Ausschlaggebend war ein identifizierbarer Ort, der als schweigender Zeuge oder vergessenes Mahnmal für die Tat steht. Als erstes verschwindet in der Erinnerung meist das Wissen um den genauen Schauplatz, der doch als konspirativer Teilhaber anzusehen ist. So holen wir diese Orte wieder hervor und geben ihnen die Bedeutung zurück, die sie für einen ganz bestimmten Moment in der Zeitgeschichte aus dem alltäglichen Umlauf herausriß, sei es nun durch einen dilettantisch angelegten Mordversuch oder ein perfekt inszeniertes Attentat aus dem Hinterhalt, durch Raubüberfälle, Wirtschaftsverbrechen, Brandstiftung und letztlich auch durch den Zugriff der eisigen Hand des Gesetzes und ihren Ordnungsinstrumenten. Was man heute noch sieht, an diesen Orten des Verbrechens, ist oft von einer ungeheuren Friedfertigkeit. Doch manchmal tritt das Schaudern unvermittelt aus der Idylle hervor.

Martin Maria Schwarz
Ulrich Sonnenschein

Hochzeitsschüsse
Mordversuch in Altenburg
Helmut Riffer

Die zunächst unerfüllte Liebesgeschichte zweier junger Menschen, die 1858 zu einem dramatischen Ereignis in Altenburg führte, begann bereits vor 1857: Der 17-jährige Georg Keidel – Sohn des später verunglückten Stellmachers Heinrich Keidel – war mit der Bauerntochter Katharina Herbst eng befreundet. Wie das aber nun einmal in diesen Kreisen und in dieser Zeit so üblich war, hatte der Ökonom Herbst andere Pläne mit der Tochter Katharina. Da war Ludwig Müller, Sohn eines wohlhabenden Kaufmanns, aus dem Schlitzer Land, dem Katharina Herbst von ihren Eltern zugesprochen worden war. Im Mai 1857 wurde bei dem Ortsgericht Altenburg der Ehevertrag Herbst – Müller geschlossen und besiegelt. Katharina Herbst beugte sich dem Willen der Eltern, die Hochzeit der beiden Brautleute sollte dann im kommenden Januar 1858 stattfinden. Was die Eltern von Katharina nicht wußten, war, daß ihre Tochter bereits von Georg schwanger war.

Als nun das Brautpaar Müller – Herbst mit der Kutsche zur Trauung in die dortige Schloßkirche fuhr, verlor Georg Keidel die Beherrschung, griff zum Gewehr und schoß auf den verhaßten Nebenbuhler in der Kutsche.

Man wußte von Georg, daß er gern mit Waffen umging, es wird erzählt, er habe nach einem Vogel geschossen und dabei ein Pferd des Nachbarn getötet.

Er glaubte, den Schlitzerländer getötet zu haben und floh überstürzt und kopflos ins Ausland. Aber er hatte den erschrockenen Müller überhaupt nicht getroffen. Sicher, nach dem damals gültigen Gesetz hatte er sich strafbar gemacht, aber wäre sicher mit einer glimpflichen Strafe davongekommen. So aber führte ihn seine unüberlegte Flucht zunächst nach Rußland – genauer gesagt nach St. Petersburg – wo er als Stellmacher und Schreiner arbeitete und sehr gut verdiente.

Katharina war inzwischen zu ihrem Mann nach Schlitz übergesiedelt und brachte dort ihren Sohn Karl zur Welt. Doch die Familie Müller – und auch der Ehemann – bezweifelten die Vaterschaft an dem Erstgeborenen. Vielleicht hat auch Katharina dem ungeliebten Mann gestanden, daß Georg Keidel der Vater des Kindes war. Auf jeden Fall trennte sich Katharina von der Familie Müller und ging nach Altenburg zurück. Die Ehe wurde 1860 gesetzlich geschieden.

Nach den vorhandenen Familienunterlagen und dem Altenburger Kirchenbuch wanderte Georg Keidel 1865 von Petersburg mit einem Freund nach Canada weiter. Dort fand er schnell Arbeit in einer Silbermine. Er muß sich in diesen Jahren ein kleines Vermögen zusammengespart haben, denn nach einem Besuch bei seinen Geschwistern Christian, Heinrich, Maria, Ernestine und Johannes kaufte er in North-Dakota eine kleine Farm. Bei einem dieser Besuche holte er Katharina Herbst mit seinem Sohn Karl nach Amerika. Georg und Katharina wurden am 16. August 1866 in Hancok (Michigan) vom dortigen Friedensrichter getraut. Den Eheleuten wurden im Laufe der Jahre noch drei Töchter – Adele, Anna-Ursula und Elise – geboren. Wirtschaftlich muß die Familie Keidel in North-Dakota in recht guten Verhältnissen gelebt haben, denn als die Kinder erwachsen waren, kamen die Eheleute Keidel kurz vor der Jahrhundertwende wieder nach Altenburg zurück. Katharina hatte sehr starkes Heimweh nach Altenburg. Durch seinen ledigen Bruder Jacob hatte Georg Keidel bereits am 31. Juli 1891 die Haberkornsche Mühle in Altenburg kaufen lassen und führte nach seiner Rückkehr den Mühlenbetrieb erfolgreich weiter. Sein Sohn Karl und die älteste Tochter Adele blieben in Dakota und bewirtschafteten die dortige Farm. Kurz nachdem die jüngste Tochter Anna-Ursula den aus der Hausenmühle bei Buchenau stammenden Müllerburschen Adam Lotz geheiratet hatte, besuchte Georg nochmals für einige Jahre seinen Sohn in Amerika, kehrte aber wieder nach Altenburg zu seiner Familie zurück. Am 21. September 1896 übergab Georg die Mühle an die Eheleute Anna-Ursula und Adam Lotz. So konnte Georg, der seine Heimat unter solch widrigen Umständen verlassen hatte, in Ruhe seinen Lebensabend mit seiner Frau Katharina und seinen Kindern in Altenburg verbringen.

Der Tod der Zauberin
Hexenprozesse in Bad Wildungen
Ruth Fühner

Im Jahr 1977 entstand in Bad Wildungen an der Stelle der einstigen Ölmühle ein Freizeitzentrum mit dem pompösen Kunstnamen „Heloponte". Kaum einer von denen, die dort heute in der Sauna schwitzen, auf der Eislaufbahn ihre Runden drehen oder auf der großen bunten Wasserrutsche kreischen und johlen, dürfte ahnen, daß seine Vorfahren schon vor Jahrhunderten an der selben Stelle, wenn auch aus anderen Gründen, vor Vergnügen johlten und kreischten.

Am 7. April 1630 steht eine Menge Volks, laut Protokoll „viele hundert Menschen", am Ölmühlenteich, als die 38jährige Eila Büding der Wasserprobe unterzogen wird. Dazu wird sie „zwei mahl angebunden", also gefesselt und mit Gewichten versehen, und „einmal frei undt ongebunden aufß Waßer geworfen". Doch Eila Büding taucht wieder auf – „wie eine Endte geschwummen" sei sie, vermerkt der Stadtschultheiß Nikolaus Hefentreger in seinem dicken Indizien-Geheimbuch. Er vermerkt auch, daß die der Zauberei verdächtige Badersfrau die Wasserprobe „verdachtßhalber ... begehret" habe. Wahrscheinlich hat Eila Büding gehofft, so ihre Unschuld beweisen zu können.

Nur – wie sollte das gehen? Wäre sie in dem aprilkalten Wasser ertrunken, hätte das – eventuell – ihre Unschuld erwiesen: schließlich kamen ihr keine Hexenkräfte zu Hilfe. Vielleicht aber hätte es auch das Gegenteil bewiesen, denn wo Gott straft, da muß auch Schuld sein. So aber ist die Sache klar: nicht anders als durch die Hilfe des Teufels kann die Angeklagte überlebt haben. Eila Büding wird, klatschnaß, zurücküberstellt in eins der beiden städtischen Gefängnisse, wo sie auf ihre peinliche Befragung zu warten hat.

Die beiden Gefängnistürme in der Stadtmauer sind noch erhalten. Vom sogenannten „Roten Hahn" aus hätte Eila Büding auf dem Weg zur Folterkammer im Rathaus einen Blick auf die alte Richtstätte hinter dem Wegaer Tor erhaschen können, von dem nur noch ein paar Sandsteinmarkierungen im Straßenpflaster zeugen. Vom sogenannten „Rondell" aus hingegen, das heute eine Aussichtsplattform krönt, wäre sie an der Kirche vorbeigekommen. Vielleicht hat sie das Altarbild darin gekannt, das Reformation und Bildersturm wundersam überlebt hatte. Auf dem letzten Bild unten rechts schilderte der Künstler, Conrad von Soest, im Jahr 1403 das Jüngste Gericht – samt dem Rachen der glutäugigen Hölle, wie er gerade zwei grüne Teufel und einen Haufen nackter Menschenleiber verschlingt. Nicht ahnend, daß ein weltliches Gericht ein gutes Jahrhundert später im protestantisch gewordenen Wildungen beginnen würde, Menschen, die angeblich mit dem Teufel im Bunde stehen, die Hölle schon auf Erden zu bereiten.

Der erste Hexenprozeß in Wildungen findet 1532 statt; doch die beiden Haupt-Verfolgungswellen nach der peinlichen Halsgerichtsordnung Karls V. entstehen erst im 17. Jahrhundert. In ihnen kommen, quer durch die Bevölkerungsschichten, mindestens 69 Männer und Frauen zu Tode, vier überleben den Prozeß. Wildungen steht, über die Landesgrenzen hinaus, in dem Ruf, ein besonders gefährliches Pflaster für Zauberer zu sein. Vielleicht, weil sich der oberste Gerichtsherr, Graf Christian I. von Waldeck, allzu lange dem Verdacht ausgesetzt hat, zu tolerant zu sein und gefährliche Gesellschaft an seinem Hof zu dulden. Vielleicht, weil zu dieser Zeit gerade eine wirtschaftliche Krise die soziale Kluft in der Gemeinde immer tiefer aufreißt. Opfer der ersten Prozeßwelle ab 1629 werden vor allem kalvinistische Neubürger, die aus Fritzlar zugewandert sind, von wo die katholische Gegenreformation sie ausgewiesen hat.

Auch Eila Büding hat in Fritzlar gedient.

Am 16. April 1630 werden Eila Büdings Aussagen unter der Tortur festgehalten. Es waren ihr die Augen verbunden und die Daumenschrauben angelegt worden. Nackt und mit geschorenem Haupthaar bekennt sie sich in allen 23 Anklagepunkten für schuldig. Sie gesteht, mehrere Kinder, darunter das eigene, zu Tode bezaubert zu haben. Außerdem beschuldigt sie Agnes Große, Frau des Ratsherrn Conrad Große, eine Zauberin zu sein und „uff den teuflischen zusammenkunfften nebigst andern mitgewesen" zu sein. Auf ihr Geständnis hin werden ihr das Zwicken mit glühenden Zangen und die Verbrennung bei lebendigem Leibe gnädig erlassen. Zum Tode verurteilt wird sie dennoch.

Das Bohlwerk im Rathaus, wo Eila Büding gefoltert wurde, existiert heute nicht mehr. 1850 wurde das Fachwerkgebäude ersetzt durch einen Steinbau, der in seiner klassizistischen Unschuld ein wenig fremd wirkt auf dem sonst schwarzweißkarierten Marktplatz. Gerettet wurden vom Dachboden des Alten Rathauses die Akten der Hexenverfolgung. Zwei magere, an den Rändern bräunlich eingerollte Blätter sind übriggeblieben, die vom Schicksal der Eila Büding künden.

Am 20. April 1630 werden Eila Büding und Ottilie Hagefeld aus Reitzehagen, die derselben Verbrechen für schuldig befunden wurde, zweieinhalb Kilometer in südlicher Richtung aus Wildungen hinaus auf den Langerod geführt. Dort werden sie, in Anwesenheit der Schuljugend und erwachsener Bürger, die dem von der Obrigkeit zur Verfügung gestellten Wein reichlich zusprechen, von Scharfrichter Hans Stolpen enthauptet und verbrannt.

Zwischen Eichen und Kiefern ist der Richtplatz von damals heute nicht mehr auszumachen, aber der Name der Straße, die auf halber Höhe am Langerod entlangführt, erinnert noch an ihn: „Am Gericht".

Eila Büding und Ottilie Hagefeld sind unter den ersten Delinquenten, die hier vom Leben zum Tode befördert werden. Daß sich die Wildunger gerade diesen Ort für das „Neue Gericht" ausgesucht haben, hat zwei Gründe: erstens können die Bewohner der Stadt ihrer Lust am Leiden anderer hier in sicherer Distanz von ihrem Lebensmittelpunkt frönen. Zweitens ist vom höchsten Punkt der Umgebung aus das Fanal nicht zu übersehen, das von Feuerschein und Rauch der Scheiterhaufen ausgeht.

Doch Distanz und Signalwirkung hin oder her: bei schlechtem Wetter hätte die Hinrichtung genausogut im Herzen der Stadt, auf dem Marktplatz, stattgefunden. Eins der wenigen Dinge also, die wir über Leben und Tod der Eila Büding wissen, ist, daß sie, mitten im April, an einem Tag mit schönem Wetter gestorben sein muß.

Gottesgericht und Rabenfraß
Der Beerfelder Galgen

Bettina Schmidt-Matthiesen

Wolken liegen im Tal, Nebelschwaden ziehen über die Höhen. Der Wind läßt die Blätter erschauern, der Sturm pfeift um die Ecken. Ab und zu gelangt ein Sonnenstrahl von ganz oben durch die Wolkendecke hinunter auf die Erde und läßt das Eisengestänge am Galgen aufblitzen. Solche Stimmung regt die Phantasie an und wirft den Betrachter um Jahrhunderte zurück, zu jenen Sagen rund um die alten Gerichtsstätten, die noch heute einen gewissen Reiz ausüben: Wotan, der heidnische Gott der Schlachten und des Todes, ziehe während der Herbststürme durch die Lüfte, begleitet von heulenden Hunden, rasselnden Wagen, laut stampfenden Pferden und gefährlichen Gesellen. Die Gehängten erhält er als Beute, denn er war der Schützer des Rechts und damit auch der Gott der Gerichtsstätten. Ihm wurden einst die Sünder in fast schon kultischer Handlung geopfert und seinem Lieblingstier, dem Raben, zum Fraß aufgehängt.

Heute noch kann man während einer wunderschönen Wanderung oder Radtour über die Hügel rund um Beerfelden den alten Galgen bewundern. Er steht auf einer Anhöhe ungefähr einen Kilometer entfernt von der Ortsmitte an der Straße nach Airlenbach und ist umrahmt von sieben alten Linden und einer ungefähr einen Meter hohen Mauer aus grobgehauenen, stelenartigen Steinplatten. Aus der Ferne wirkt der Galgen majestätisch und schön. Steht man unter ihm, dann ruft die Atmosphäre dieses Ortes ein sehr zwiespältiges Gefühl hervor: zum einen ist es ein romantisches, schattiges Plätzchen mit wunderbarem Blick, der zum Träumen einlädt. Zum anderen sitzt man an einem Platz, an dem jahrelang die Todesstrafe durch Hängen vollzogen wurde. Das flach auf dem Boden liegende Sandsteinkreuz erinnert an den Ritus der letzten Beichte und Absolution – an die letzten Minuten im Leben des Delinquenten. Bis zu sechs Menschen konnten gleichzeitig gerichtet werden. Ihre leblosen Körper blieben so lange hängen, bis sie von Vögeln bis aufs Skelett abgefressen waren – als Mahnung für alle potentiellen Missetäter und als Ausdruck für die Machtfülle des jeweiligen Ortes.

Der Beerfelder Galgen ist kultur- und kunsthistorisch von besonderem Interesse, legt er doch durch seine künstlerische Ausführung Zeugnis davon ab, daß Beerfelden ein wichtiges Zentrum im Odenwald war und für die damalige Gerichtsbarkeit eine große Rolle spielte. Der Galgen gilt als einziger noch erhaltener dreischläfriger Galgen. Er wurde 1597 anstelle eines noch viel älteren hölzernen Galgen errichtet, dessen Alter nur noch vage angenommen werden kann: Nachdem das Kloster Lorsch im 9. Jahrhundert den Odenwald besiedelte und in der Folge die Grafschaft Erbach in zwei Gerichtsbezirke („Centen") unterteilt wurde, erhielt Beerfelden als Mittelpunkt des Obercent eine Richtstätte. Der heute noch erhaltene dreiseitige Galgen besteht aus drei Sandsteinsäulen im aus der Antike stammenden und in der Renaissance beliebten toskanischen bzw. tuskischen Stil: Auf einem würfelförmigen Postament sind Plinthe, Wulst und Kehle verankert, darauf thront die aus fünf Trommeln bestehende, sich nach oben leicht verjüngende, rund 4 Meter hohe Säule, deren Abschluß das toskanische Kapitell mit Halsring und Deckplatte bildet. Darauf ruhen die für die Delinquenten so schicksalsträchtigen Querbalken.

Wie viele Menschen in Beerfelden gehängt und wann das letzte Urteil am Galgen vollzogen wurde, ist nicht mehr genau nachzuvollziehen. Bei einem Brand sind alle Akten des Ortes vernichtet worden. So müssen wir uns auf die – gerade bei einem solchen Thema sicherlich nicht ganz seriösen – Überlieferungen stützen. Im Jahre 1804, so wird erzählt, sei in Beerfelden als letzte Person eine Zigeunerin gehängt worden, weil sie für ihr krankes Kind ein Huhn und zwei Laib Brot gestohlen hatte. Auf dem Weg von der Centlinde (die heute allerdings nicht mehr steht) zum Galgen hätte sie das eilende Volk schimpfend zu einem gemäßigteren Schritt veranlassen wollen, da sie selbst gar keine Eile hatte. So soll sie geschrien haben, sie sei ja die Hauptperson bei dem Spektakel und der Henker solle ruhig warten bis er blau würde, er bekäme es ja bezahlt, und das Volk würde noch genug zu sehen bekommen für sein Geld..., bevor ich nicht oben bin, geht es doch nicht los. Eine andere Geschichte, überliefert durch den Odenwälder Dichter Adam Karillon, erzählt von einem noch pfiffigeren Verurteilten: Kaspar Sachs sollte gehängt werden, da er im gräflichen Revier unerlaubterweise einen Hirsch geschossen hatte. Bei seinem Gang zum Galgen wirkte er sehr gelassen und fragte plötzlich den Henker, ob er ihm einen Gefallen tun könne. Er habe einen Kropf und bäte darum, die Schlinge auf diesen Kropf zu legen, da sein Hals an anderer Stelle so kitzelig sei. Er bot dem Henker an, daß er nach seinem Ableben die Pfeife weiterrauchen könne. Der Henker ließ sich darauf ein, doch kaum hing der Verurteilte am Galgen, so rutschte die Schlinge über Kropf und Kopf hinweg und der pfiffige Kaspar Sachs stand lebend wieder auf dem Boden und ging seines Weges. Denn wer einmal dem Galgen entkommen war, der galt als unschuldig und war gerettet.

Weniger legendarisch als die Geschichten rund um die Verurteilten sind die Gründe, die dazu führten, daß dieser Galgen überhaupt noch steht. Eigentlich hätte er schon Ende des 18. Jahrhunderts abgerissen werden sollen, denn bereits im Jahr 1788 hatte Kaiser Joseph II. angeordnet, alle Galgen abzureißen, da die Todesstrafe abgeschafft werden sollte. Doch dieses Gesetz drang ebensowenig vom fernen Wien in den Odenwald vor, wie 1816 der Befehl der Großherzoglich Nassauischen Regierung, die infolge der von Napoleon 1806 aufgelösten Centgerichtsbarkeit nun das Sagen hatte und befahl, die Galgen abzutragen. So kommt es, daß durch mangelnde Kommunikation oder ein gezieltes Versäumnis der Nachwelt ein solch beeindruckendes Zeugnis der einstigen Gerichtsbarkeit im schönen, sonst so lieblichen Odenwald erhalten geblieben ist.

Des Ketzerjägers Ende
Der Fall Konrads von Marburg in Beltershausen

Daniel Linke

Das Opfer – sagenumwoben! Die Täter – Spekulation! Zuverlässige Zeugen – keine! Rasterfahndung, Schmauchspuren, Obduktion – sinnlos! Beweisaufnahme abgeschlossen. Verfahren beendet, Verbrechen verjährt. Verurteilung – keine!

1999, der erste Ortstermin nach 766 Jahren! Der Schauplatz des Mordes befriedigt heute jede Vorstellung von ländlicher Unschuld. Hühner, Schweine und Kühe durchstreunen das ländliche Idyll, ihr herber Geruch zieht in die Nase. Äcker und Wald verteilen sich in alle vier Himmelsrichtungen; ständig weht ein scharfer Wind über die ungleichmäßig ansteigenden Felder. Der wachsame Hofhund vervollständigt das Bild – ein Bauernhof wie aus Kinderbüchern. Nur gelegentlicher Autoverkehr durchbricht das harmonische Beieinander von Tier und Mensch – ansonsten? Stille. Am 30. Juli 1233 wurde diese Stille durch einen Mord gestört, der eher Erleichterung als Bestürzung unter der Bevölkerung auslöste! Das Opfer war Konrad von Marburg; starrsinnig-fanatischer Inquisitor ohne Maß und Nachsicht, als fürsorglicher Beichtvater der (Heiligen) Elisabeth von Thüringen jedoch überlegen, unangreifbar, weitsichtig. Eines war Konrad in diesen Jahren in allen Schichten: berühmt, verehrt, gefürchtet, umstritten, vielfach gehaßt.

Der Hintergrund! Konrad von Marburg tyrannisierte seit 1231 mit blindwütigen Inquisitionsprozessen das Volk. In nur zwei Jahren hatte er eine Schreckensherrschaft des Mißtrauens, der Angst und des Verrats unter der Bevölkerung erzeugt. Unschuldige schien es nicht zu geben. Wer einmal angeklagt war, hatte nur eine Möglichkeit: gestehen und sterben oder lügenhaft denunzieren, um nicht verbrannt zu werden. Das Ausmaß war grausam. Besser hundert Unschuldige getötet als einen Schuldigen entkommen zu lassen. Milde ließ er eher gegen das niedere Volk walten, gegen Herren und Edelleute ging er ohne Rücksichtnahme auf deren Ansehen gnadenlos vor. Doch der Widerstand wuchs gegen diese Willkür!

Das Motiv! Spätestens als Konrad den ehrwürdigen Grafen von Sayn, einen sittenstrengen und jederzeit den Katholizismus verteidigenden Mann, 1233 der Häresie bezichtigte, Zeugen anführte und ihn anzuklagen gedachte, schrieb er sein eigenes Todesurteil. Nun ging es nicht nur um den bloßen Tatbestand der Ketzerei, nun ging es um

Macht und Machterhalt. Graf von Sayn gedachte keinesfalls sich der Anklage ohne Widerstand zu ergeben. Auf sein Drängen hin berief der Erzbischof von Mainz am 25. Juli eine Versammlung ein, an der alle Bischöfe sowie König Heinrich und weitere Wichtige des Reiches teilnahmen. Im Mittelpunkt stand der Prozeß: Graf von Sayn hatte glaubwürdige Zeugen und schnell seine Unschuld bewiesen, zudem mochten Konrads Zeugen vor so großer und prominenter Öffentlichkeit ihre Anschuldigungen nicht aufrechterhalten. Das auf Angst aufgebaute System der Denunziation versagte öffentlich. Konrad schien geschlagen. Geblendet und überzeugt von seiner Rechtschaffenheit, versagte er sich den Bitten, seine Inquisitionsverfahren zukünftig gemäßigt durchzuführen. Stattdessen verließ Konrad verbittert Mainz, ohne den angebotenen Geleitschutz. Ob er zu Fuß oder mit dem Pferd die Strecke bewältigen wollte? Es ist nicht mehr zu klären. Sein Ziel war Marburg, seine Route führte ihn auf der Frankfurter Straße über Giessen, Daubringen, Hachborn, Ebsdorf, wo er westlich abbog, um am Frauenberg vorbei über Beltershausen den Ort seines Todes, ein kleines Waldstück mit Wegesschneise, zu passieren.

Die Mörder! Die wahren Auftraggeber sind nicht mehr zu ermitteln – zu widersprüchlich sind die Aussagen. Aus Mainz nachsetzende Edelleute, die Herren von Dernbach oder die Schenken von Schweinsberg könnten die Täter gewesen sein. Auch vor seinem Gericht nicht Erschienene oder von Konrad nicht umfassend Freigesprochene werden der Tat bezichtigt. Ein Auftragsmord? Wahrscheinlich haben aber Angehörige oder Freunde des Grafen von Sayn den Mord begangen. Die terminliche Nähe zwischen Mainzer Konvent und Mordtat lassen die Vermutung gewähren, daß der Beschluß zur Tat in unmittelbarem Anschluß an die Versammlung gefallen ist. Warum aber hat man Konrad dann bis kurz vor Marburg ziehen lassen? Gab es keinen geeigneten Ort? Reifte der Entschluß über mehrere Tage? Haben sie ihn verfolgt? Wurde er erschlagen oder erstochen? Gab es für Konrad die Möglichkeit, eine Verteidigungsrede zu führen oder wurde er gleich umgebracht? Kannte und erkannte er seine Mörder? Fragen, die nicht zu beantworten sind. Hier hilft nur noch die Phantasie. Der Ort war für ein Verbrechen aus dem Hinterhalt günstig, denn der nur 150 Meter von der Mordstelle gelegene Wald gewährte Schutz vor und vielfache Fluchtmöglichkeiten nach der Tat. Legenden berichten davon, daß Konrad, seine Notlage erkennend, um sein eigenes Leben gefleht haben soll. Seine Mörder indes verwiesen darauf, er selbst habe niemals seine Opfer verschont, und richteten. Auch sein langjähriger Begleiter Gerhard Lützekolbe starb und, so einige Quellen, ein weiterer Franziskaner und 12 Priester und fromme Laien. Seine Leiche wurde nach Marburg getragen und 1283 in der Elisabeth-Kirche neben Elisabeth begraben. Sein Grab ist dort heute nicht ausgezeichnet. Die sechs Personen, die sich der Tat rühmten, wurden nicht verurteilt. Graf von Sayn wurde später endgültig rehabilitiert.

Der letzte Ortstermin! Ein kleines, verwitterungsanfälliges Holzschild verweist heute am Fahrbahnrand der Hahnerheide auf den Mordplatz. Der Hof Capelle ist das Ziel, dort geschah die Tat, dort wird ihrer gedacht. Nur zögernd mag man sich dem Gedenkstein nähern, der eingebettet zwischen Blumenbeet und Spargelhügel etwas verloren in die Landschaft ragt, zu privatbestimmt und zweckentfremdet erscheint einem der kleine Garten. Einmal allen Mut zusammengenommen und mit scheinbarer Gleichgültigkeit an dem Wachhund vorbeigeschlendert, verrät die Inschrift nicht nur, daß an dieser Stelle Konrad von „Mörderhand" fiel, sondern daß auch eine Marienkapelle ihm zu Ehren errichtet wurde. Auch sie ist seit 130 Jahren Vergangenheit.

Den Rücken zum Hof und Gedenkstein gewendet, erblickt man den ansteigenden Waldhügel mit der Wegesschneise, dem sogenannten Hohlweg, der für Konrad verhängnisvoll war. Wer heute seinen letzten Schritten folgend den Weg beschreitet, trifft auf eine große Holztafel, auf der die Geschichte des Mordes in groben Zügen geschildert wird. Hier lauerten sie Konrad auf – hier versteckten sie sich nach getanem Mord! Ihr Versteck ist jedoch Opfer des modernen Straßenbaus geworden. Für Konrads Rettung kam der zu spät!

Tod im Hohlweg
Das Kaiserkreuz von Kleinenglis bei Borken

Clemens Lohmann

Am Westausgang der Gemeinde Kleinenglis bei Borken befindet sich ein steinernes achteckiges Kreuz mit einer gotischen Inschrift, die trotz verschiedener Deutungsversuche bis heute nicht exakt entziffert werden konnte. Soviel ist gewiß: es mahnt an eine Bluttat, die sich an dieser Stelle am Abend des 5. Juni 1400 ereignet hat.

An jenem Abend war Herzog Friedrich von Braunschweig mit seinem Gefolge auf dem Heimweg von Frankfurt am Main nach Braunschweig und wollte im nahegelegenen Fritzlar die bevorstehenden Pfingstfeiertage verbringen. Anlaß für die Reise war die Kandidatur des Herzogs um die Nachfolge Kaiser Wenzels, der auf Vorschlag seines Vaters, Kaiser Karl IV., bereits zu dessen Lebzeiten 1376 von den Kurfürsten zum Obersten des Reiches gewählt worden war. Zwei Jahre später trat der damals Siebzehnjährige nach dem plötzlichen Tod seines Vaters die Nachfolge an. Jedoch konnte Wenzel die Erwartungen der Kurfürsten nicht erfüllen; diese hatten u.a. gehofft, daß Wenzel als Vogt der Kirche das sich seit 1378 abzeichnende abendländische Schisma, d.h. die Gleichzeitigkeit von zwei Päpsten – in Rom und Avignon – beseitigen könnte und die Einheit der Kirche wiederherstellen würde. Aber Kaiser Wenzel blieb nicht nur untätig, sondern galt bei den Kurfürsten als wankelmütig und habgierig und hatte den Ruf, jähzornig und trunksüchtig zu sein. Diesem Kaiser gegenüber fühlten sich die Kurfürsten an keinen Eid mehr gebunden, so daß sie im Frühjahr 1400 zur Wahl eines neuen Oberhauptes zusammenkamen.

Als aussichtsreichste Kandidaten galten Ruprecht von der Pfalz, ein Vetter zweiten Grades des abzuwählenden Kaisers Wenzel, sowie Friedrich von Braunschweig. Man versammelte sich in Frankfurt, der in der Goldenen Bulle von 1356 gesetzlich festgelegten Stadt für Königswahlen, wo man die Kandidaten empfing und über die Nachfolge beriet. Nachdem sich die Mehrheit für den Pfälzer als geeigneten König ausgesprochen hatte, zog Friedrich mit seinen mehr als 400 Rittern und Reisigen, unter ihnen der Bruder Friedrichs, Kurfürst Rudolph II. von Sachsen, heimwärts. Im Hohlweg bei Kleinenglis wurde die Reisegruppe von Bewaffneten, die unter der Führung des Grafen Heinrich von Waldeck standen, überfallen, niedergeschlagen und größtenteils getötet. Die Überlebenden wurden in der Burg Waldeck gefangengesetzt. Nur zwei der Reisenden, Fürst Sigmund von Anhalt und Ritter Konrad von Waldenstädt, konnten schwer verwundet entkommen. Als Mörder des Herzogs wurden die beiden niederhessischen Ritter Friedrich von Hertingshausen und Kunzmann von Falkenberg ausgemacht. Da die Anführer im Dienste des Erzbischofs von Mainz standen, vermutete man, daß er den Überfall hier an der Grenze zwischen Hessen und dem mainzischen Fritzlar angezettelt habe. Wilhelm Dillich schrieb 1605 in seiner Hessischen Chronica von einer grundlegenden persönlichen Abneigung des Mainzer Erzbischofs gegenüber dem Herzog von Braunschweig und leitete hieraus das Motiv für den Überfall ab; er habe „durch den Grafen von Waldeck / vnd etliche Hessische vom Adel / darunder auch die von Falckenberg und Hertingshausen / auff den newerwehlten Keyser halten / und bey Engeliß erschlagen lassen: vnd stehet noch an dem ort / da die that vollnbracht / ein hohes steinern creutz."

Der kurhessische Archivar Nicolaus Falckenheimer wies jedoch 1841 in seiner Geschichte Fritzlars darauf hin, daß die Täter gleich nach ihrer Tat, am 29. Juni, von Fritzlar aus die Erklärung verbreiteten, „daß der Erzbischof auf keine Weise ihr Mitschuldiger sei."

Tatsächlich ist in der historischen Retrospektive kein Motiv des Mainzer Erzbischofs belegbar. Somit wäre die Urheberschaft der Tat allein dem Grafen Heinrich von Waldeck zuzuweisen, der eine Schuldforderung von 100.000 Mark Silber an den Herzog von Braunschweig hatte. Da der Braunschweiger trotz mehrerer Mahnungen nicht zahlen wollte, hatte Heinrich mit ihm persönlich abrechnen wollen; dementsprechend sollte der Überfall mit der Gefangennahme Friedrichs enden, was dann allerdings – vielleicht weil die Gegenwehr zu stark war – fehlschlug, bzw. mit der Ermordung Friedrichs endete.

Conrad Klüppel erklärte in seiner Waldecker Chronik die Tat zu einem Akt der Rache des Grafen Heinrich, der von dem Vater und dem Bruder Herzog Friedrichs aus der Erbschaft und Nachfolge in Lüneburg verdrängt worden war.

Wie dem auch sei, der Leichnam des ermordeten Herzogs von Braunschweig wurde in den St. Petri-Dom nach Fritzlar gebracht und vor dem Hochaltar aufgebahrt. In der Stadt war man bestürzt über den Überfall und die Ermordung. In einem zinnernen Sarg bestattete man die Eingeweide des Herzogs, der Leib wurde nach Braunschweig überführt.

Die Brüder Friedrichs, die in dem Mainzer Erzbischof den Rädelsführer sahen, verbündeten sich 1402 mit dem Landgrafen von Hessen zu einem Rachekrieg gegen Kurmainz. In diesem Kriegszug wurde das Dorf Holzheim, bei Fritzlar gelegen und zu Mainz gehörend, grundlegend zerstört. Jedoch besiegten die erzbischöflichen Truppen die Rachwütigen bei Homberg.

Zugleich verkündete Kaiser Rudolph seinen Rechtsspruch, demzufolge die Mörder für den Erschlagenen in Fritzlar einen Altar und eine ewige Messe zu stiften hätten, so lange, als er es für gut befände, in einem Turm einsitzen müßten und danach für zehn Jahre das Reich zu verlassen hätten. Allerdings trat dieses Urteil nie in Kraft, die Angeklagten blieben in erzbischöflichem Dienst. Diese Straflosigkeit führte wohl zum Wiederausbruch der Feindseligkeiten zwischen Mainz und Hessen, in deren Folge es zu Belagerungen und Plünderungen – vornehmlich in der Erntezeit – kam.

Erst ein Vergleich in Gießen und ein Vertrag, den beide Parteien, Erzbischof Johann II. und Landgraf Ludwig am 16. Dezember 1416 in Fritzlar beschlossen, legte die Streitigkeiten bei.

Ein Engel, so erzählt man, soll das steinerne Kreuz als Erinnerung an die Bluttat des Pfingstsamstag im Jahre 1400 errichtet haben.

Reisende, deren Weg durch den Engliser Hohlweg führte, sprachen dem Kreuz zauberhafte Kräfte zu und brachen kleine Stücke davon ab. Ein Fuhrmannsglaube besagte, daß das Kreuz von einer geheimnisvollen Kraft zusammengehalten würde. Von dieser Idee herausgefordert, wackelten Lütticher Kaufleute so lange an ihm herum, bis es umfiel. Sie mußten feststellen, daß das Geheimnis des Kreuzes nur in Holzdübeln bestand. 1790 wurde das sog. Kaiserkreuz wieder aufgerichtet.

Reisende können es auch heute noch besichtigen. Dazu biegt man auf der B 3 von Borken kommend nach Kleinenglis ab, folgt der Bergmannstraße bis zum Ende, biegt dann nach links in die Hundburgstraße. Am Ortsende, Ecke St. Charles-Straße befindet sich das Kaiserkreuz.

Leipzig im Darmstädter Stadtwald
Georg Büchners Mordfragment Woyzeck
Daniel Linke

Vor 150 Jahren rankten sich noch Sagen von Wassergeistern um den Großen Woog in Darmstadt, die mit unheimlicher Stimme jährlich ein Opfer zu sich riefen. Heute, eingegrenzt zwischen der Bundesstraße 26 und der Heinrich-Fuhr-Straße, flankiert von gutbürgerlichen Wohnblöcken, hat der Ort jegliche Mystik verloren. Im Sommer rufen und schreien hier nur die Stimmen der Besucher des Naturschwimmbades, im Winter nicht einmal diese. Die Wassergeister dürften längst vertrieben sein. Dem zweiten geheimnisvollen Ort unseres Verbrechens hat der zivilisatorische Fortschritt noch schlimmer mitgespielt. Etwa zweieinhalb Kilometer vom Woog entfernt, eingekeilt zwischen der vierspurigen B 26 (Höhe Hanauer Straße) und der Aschaffenburger Straße in Richtung Roßdorf, steht an deren rechtem Straßenrand, im Gebüsch versteckt, ein nur noch schwer zu entdeckendes, ursprünglich rotes, mittlerweile durch Moosbefall grüngefärbtes Sandsteinkreuz. Wer die drei Steinplatten als Sitzgelegenheiten im Halbkreis dort angeordnet hat, dachte wohl an eine Stätte der Besinnung. Heute zeugen immerhin alte Bierdosen und in das Kreuz geritzte Herzen von seltenem Besuch.

Orte des Verbrechens werden von der Polizei eigentlich exakt vermessen und sachgemäß protokolliert. Was aber passieren kann, wenn der diensthabende Protokollant ein talentierter Schriftsteller namens Georg Büchner ist, zeigt der folgende Fall. Die Akte ist sein Fragment gebliebenes Drama Woyzeck, schwer entzifferbar durch eine flüchtige Handschrift, ungeordnet in den Szenen. Die Örtlichkeiten sind Realität und Fiktion zugleich, Tat und Motive werden mit dichterischer Freiheit bearbeitet, der Fall wird mitunter unübersichtlich. So gibt es den Ort des Verbrechens in Darmstadt und es gibt ihn auch nicht.

Büchner diente bei der Ausarbeitung seines Dramas ein realer Mord als Vorlage. Der Perückenmacher Johann Christian Woyzeck erstach am 2. Juni 1821 seine Geliebte im Hausgang ihrer Wohnung. Er wurde gefaßt und war geständig. Der Tatort: Leipzig! Erst 1996 ist es gelungen, Büchners scheinbar fiktive Topographie zu entschlüsseln! Sein Leipzig liegt im Darmstädter Stadtwald. Er verfügte durch viele Spaziergänge über eine ausgezeichnete Ortskenntnis seiner Heimat, die er literarisch verwertete. Ein Teich, ein rotes Kreuz an einer Straße und ein Wirtshaus sind die signifikanten Ortsangaben im Text – es gab schon Mordfälle, zu denen weniger bekannt war!

Doch zunächst die literarische Tat zum Ort: Das Motiv für Woyzecks Mord an seiner Geliebten Marie*, Mutter seines Sohnes, ist schnell gefunden: Eifersucht. Marie hat Woyzeck mehrfach mit einem Hauptmann betrogen. Für den Armen ist dies zu viel. Ohnehin körperlich und seelisch geschwächt, mißbraucht durch einen fragwürdigen medizinischen Versuch, entwickelt er Mordphantasien. „Ich wollt es wär übermorge Abend; Dann wär's vorbei". Damit ist der Mordplan gefaßt, die Tatzeit festgelegt – ein geplanter Mord. Trotz moralischer Bedenken wird ein Messer gekauft, eine in Erwägung gezogene Pistole scheint zu teuer. Kurz darauf führt Louis Magreth (Woyzeck, Marie) vor die Stadt und sticht auf die völlig Überraschte siebenmal ein. Sie kann nur noch erstickte „Hülfe"-Rufe von sich geben, dann stirbt sie. Während Woyzeck in ein nahegelegenes Wirtshaus geflohen ist, verbreiten Kinder in der Stadt bereits die Neuigkeit: „Drauß liegt eine" – „Wo?" – „Links über die Lochschneise, in die Wäldche, am roten Kreuz." Derweil gerät Woyzeck in Bedrängnis. Blut wird von Gästen an seinem Ellenbogen entdeckt, seine Verteidigung ist schwach: „Ich glaub, ich hab mich geschnitte, da an die rechte Hand" und dann „abgewischt". Verdacht wird geschöpft, und der Wirt steigt zum mißtrauischen Ermittler auf: „Was mit der rechten Hand an de rechte Ellboge? Ihr seid geschickt". Der Gehetzte verläßt panisch das Wirtshaus, bemerkt, daß er sein Messer am Tatort vergessen hat, sucht ihn erneut auf, greift die Tatwaffe, hört Leute kommen, läuft weg und wirft sie kurz darauf in einen offensichtlich nahegelegenen Teich und reinigt sich vom Blut. Ein ausgesprochen professioneller Mord war dies nicht, zudem sind Spaziergänger noch Zeugen, sie haben Maries Hilfeschreie vernommen.

Der fiktive Mordplatz am roten Kreuz ist einer Legende folgend tatsächlich einmal Schauplatz eines Verbrechens gewesen, wie der Lehrer August Nodnagel 1850 zu berichten weiß. An dieser Stelle hätte ursprünglich ein weißgestrichenes Holzkreuz gestanden. Seitdem dort Mörder einen einsamen Pilger niederschlugen, dieser sich in seinem Todeskampf zum Kreuz schleppte und es umschlang, färbte sein Blut es rot. Viele Versuche scheiterten, dem Kreuz seine weiße Unbefleckheit zurückzugeben, die Blutspuren blieben sichtbar, bis es kurzerhand rot gestrichen wurde. Büchner könnte dieses Holzkreuz gekannt haben, das heutige Steinkreuz ist erst später an dieser Stelle aufgestellt worden. Daß er an diesen Ort beim Schreiben dachte, vermittelt der Ausruf des Zeugen, als er Maries Schreie hört: „Da hinauf". Läuft man – wie der Zeuge – aus der Stadt kommend die Roßdörfer Straße entlang, überquert die B 26 und steht am Anfang der Aschaffenburger Straße, so erblickt man auch heute noch eine leichte Steigung „da hinauf", ehe nach einem Kilometer das Kreuz zu finden ist. Die ursprüngliche Annahme der Zeugen, die Schreie kämen vom Teich und stünden mit der erwähnten Sage in unmittelbarem Zusammenhang („Es ist das Wasser, es ruft, schon lang ist Niemand ertrunken"), deutet auf die Nähe des Großen Woog hin und macht die Örtlichkeit plausibel. Liest man Büchners Mordbeschreibung allerdings genau, so scheint der Teich in unmittelbarer Nähe des Kreuzes zu liegen, denn Woyzeck ist kurz nachdem er das Tatmesser genommen hat bereits am Wasser. Tatsächlich liegt er aber knapp drei Kilometer vom Schauplatz in Richtung Stadt entfernt. Das Wirtshaus ist bis heute nicht ausfindig gemacht. Büchners Phantasie? Es müßte entgegengesetzt zur Stadt liegen und ungefähr dieselbe Distanz vom Tatort haben, weil Woyzeck sich zu dem Zeitpunkt dort aufhält, während in der Stadt der Mord vermeldet wird. Im Wirtshaus herrscht davon jedoch noch keine Kenntnis. Die schauerromantischen Effekte, deren Büchner sich in seinem Drama bedient, lassen heutige Besucher der beiden Orte lächeln. Schaurig ist hier nur noch der Autoverkehr.

---

* Im Fragment wechselt Büchner je nach Entwurfsstufe die Namen der Protagonisten zwischen Marie=Magreth und Woyzeck=Louis.

Von Zellenwänden verschluckt
Der Tod des Rektors Friedrich Ludwig Weidig in Darmstadt

Jan-Christoph Hauschild

Darmstadt, Erich-Ollenhauer-Straße/Ecke Rundeturmstraße: Hier am östlichen Ende der Altstadt, zwischen Schloß und Mathildenhöhe, stehen heute Teile der Technischen Hochschule. Nichts erinnert mehr daran, daß hier einmal das Darmstädter Arresthaus stand: Ein Zweckbau aus dem Jahr 1835, der von wenigen Wärtern zu kontrollieren war und in dem man die Gefangenen in strengster Abgeschlossenheit hinter Schloß und Riegel zu halten vermochte. Die massiven Zellenwände verschluckten jedes Geräusch – und jeden Schrei. In der Zelle mit der Nummer 207 endete am 23. Februar 1837 das Leben eines der bedeutendsten hessischen Revolutionäre des vorigen Jahrhunderts. Sein Name: Friedrich Ludwig Weidig. Sein Beruf: Rektor der Stadtschule in Butzbach. Sein Vergehen: Hochverräterische Umtriebe. Die genauen Umstände seines Todes in Untersuchungshaft sind bis heute nicht geklärt.

In den Jahren zwischen 1830 und 1835 ist Friedrich Ludwig Weidig der „Mittelpunkt alles revolutionären Treibens" in Oberhessen, wenn nicht im gesamten Großherzogtum Hessen: Einer der entschiedensten Befürworter des gewaltsamen Umsturzes, den er für ein legitimes Mittel zur Herbeiführung einer gerechten gesellschaftlichen Ordnung hält, und von dessen Notwendigkeit angesichts der Machtverhältnisse er auch andere zu überzeugen sucht.

Weidigs Stunde kommt, als es der Opposition im Großherzogtum nach dem Totalverbot der freiheitlichen Presse 1833 am publizistischen Instrumentarium fehlt, mit dem ein ausreichender Gegendruck gegen die Knebelung und massive Einschüchterung der linken Landtagsopposition erzeugt werden kann. Entschlossenen Gegnern der restaurativen Regierung bleibt nur noch der Gang in den Untergrund. In dieser Situation übernimmt es Weidig, die fortschrittliche Presseagitation durch Flugschriften im geheimen Selbstverlag fortzusetzen, wofür er Kontakt mit republikanischen Geheimverbindungen aufnimmt, die über beachtliche Kampf- und Propagandatruppen verfügen. Zu seinen Unterstützern gehören auch die Handwerker und Studenten der von Georg Büchner im Frühjahr 1834 in Gießen gegründeten „Gesellschaft der Menschenrechte". Hauptergebnis ihrer Zusammenarbeit sind Druck und Verbreitung des von Büchner entworfenen „Hessischen Landboten", den Weidig tendenziös überarbeitet, was zu einem heftigen Streit zwischen beiden führt. Die entscheidende Differenz besteht darin, daß Weidig das landlose Agrarproletariat für die bürgerliche Revolution benutzen, Büchner es durch die Revolution befreien will.

Auf eigentümliche Weise vereinigt Weidig sowohl vorwärtsweisende als auch romantisch-irrationale Vorstellungen. Sein Volksbegriff zielt auf den Dritten Stand, auf das steuerzahlende, mündige Bürgertum. Sein Idealstaat ist die vereinigte Deutsche Republik mit einem gewählten Oberhaupt an der Spitze; ein Volksstaat, in dem die Eigentümer Entscheidungen zum Wohle aller, auch der unterbürgerlichen Schichten, treffen, denen Weidig keine unmittelbare oder per Mandat vermittelte politische Mitbestimmung einräumen will.

Weidigs Inhaftierung erfolgt am 24. April 1835 aufgrund von Geständnissen eines Mitverschworenen, der sich der Regierung als Kronzeuge zur Verfügung stellt. Im Juni 1835 wird Weidig von Friedberg in das neuerbaute Arresthaus nach Darmstadt überführt. Seine Gefängniszelle mißt fünf Schritte in der Breite, acht Schritte in der Länge mit einem kleinen, hochliegenden Fenster, ohne Tisch, Stuhl oder Pritsche. Als mutmaßlicher Kopf der Verschwörung erfährt Weidig von allen politischen Gefangenen, insgesamt an die zwanzig Personen, die schonungsloseste Behandlung. Fast zwei Jahre lang ist er hier, meist in Dunkelheit oder Dämmerlicht, ohne Rechtsbeistand und bei völlig unzureichender medizinischer Versorgung, den zermürbenden Verhören und Disziplinarstrafen des Untersuchungsrichters Konrad Georgi ausgesetzt, eines notorischen Alkoholikers und Erzreaktionärs. Selten wird Weidig Lektüre oder eine andere Beschäftigung erlaubt. Öfter ist er in Ketten an die Wand gefesselt, immer wieder erhält er Schläge. Vergeblich wehrt er sich mit Anträgen, Georgi wegen Parteilichkeit abzuberufen. Der Haß des Untersuchungsrichters gegen ihn wächst dadurch um so mehr.

Die fast vollständige Isolierung und die demütigende Behandlung führt nicht wenige Darmstädter Gefangene an den Rand des psychischen Zusammenbruchs. Bis zuletzt widersteht Weidig allen Versuchen Georgis, Geständnisse von ihm zu erzwingen. Am Morgen des 23. Februar, vier Tage nach dem Typhustod Georg Büchners in Zürich, findet ihn der Gefangenenwärter „in seinem Blute schwimmend und in den letzten Zügen liegend". Der von Georgis Schikanen zermürbte Häftling hat sich, wie es in der Meldung der halbamtlichen „Großherzoglich Hessischen Zeitung" weiter heißt, „vermittelst der Scherben einer zerschlagenen Wasserflasche an beiden Füßen über den Knöcheln, an beiden Armen über dem Handgelenke die Arterien und über dem Kehlkopfe die Gurgel durchschnitten und sich auf diese Weise selbst entleibt." Seinen Abschiedsbrief hat er, weil sein Schreibzeug aus disziplinarischen Gründen beschlagnahmt wurde, mit blutigem Finger an die Zellenwand geschrieben: „Da mir der Feind jede Verteidigung versagt, so wähle ich einen schimpflichen Tod von freien Stücken."

Unabhängige medizinische Sachverständige melden später erhebliche Zweifel an der offiziellen Darstellung an, und bis heute hält sich der Verdacht, an Weidig sei Selbstmord verübt worden. Ein Ferngutachten der Medizinischen Fakultät der Universität Zürich kommt 1843 zu dem Schluß, daß Weidig sich die Wunde am Hals „in ihrer ganzen Ausdehnung" kaum selbst habe beibringen können. In einer anonym erschienenen Schlüsselerzählung, für die er sich später vor Gericht verantworten muß, hat Georg Büchners jüngster Bruder Alexander den Untersuchungsrichter beschuldigt, seinem Opfer voller Haß eigenhändig die Kehle durchschnitten zu haben. Eine Mitschuld Georgis, auf dessen Anweisung der tödlich Verletzte mehrere Stunden lang unversorgt in der Zelle zurückgelassen worden ist, was den Straftatbestand der Tötung durch Unterlassen erfüllt, scheint in jedem Fall nachweisbar. Doch statt daß von Amts wegen ein Verfahren gegen ihn eingeleitet wird, erhält Georgi ein Jahr später das Ritterkreuz Erster Klasse des Großherzoglich Hessischen Ludwigsordens.

Die verlorene Beute
Überfall der Panzerfaustbande in Egelsbach
Peter J. A. Kaiser

Landschaften können kriminelle Energien lenken: in engen, überfüllten städtischen Gassen ist Taschendiebstahl im Gewusel polizeilicher Alltag. Die großen „Capers", millionenschwere, schlagzeilenwürdige Raubüberfälle, verlangen eher Weite. Je wertvoller die gestohlene Beute, je dreister und kaltschnäuziger die Täter, desto schneller müssen die Räuber die empörten Opfer hinter sich lassen.

Der karge Landstrich zwischen Frankfurt und Darmstadt, eine bratpfannenflache Ebene, abgezirkelt durch Main, Rhein und Odenwald, bietet perfekte Fluchtbedingungen: breite, wenig befahrene Straßen, die wie mit dem Lineal gezogen, spärliche lichte Waldungen und sandige Äcker durchtrennen. Zuletzt machte der Legende nach der „schwarze Bennel", ein Kutschenräuber, Anfang des 19. Jahrhunderts die Gegend um den Dreieichwald unsicher. Die Armut an berüchtigten kriminellen Talenten in Dreieich spiegelt auf ihre Art die Bescheidenheit des kleinbürgerlichen Milieus wider. Abgesehen von dem „Vorstandsvorort" Dreieich-Sprendlingen saß und sitzt das Geld bei den hiesigen Kleinbauern und Handwerkern sowie den Pendlern aus Frankfurt und Darmstadt nicht besonders locker.

Im Frühling 1996 konnten aber die meisten regelmäßigen Toom-Markt-Shopper in Egelsbach den Wochentag benennen, an dem in der riesigen fenster- und schmucklosen Lagerhalle besonders schwere Kasseneinnahmen abzuliefern waren: Donnerstag, der einzige Tag, an dem man in Ruhe bis 20 Uhr groß einkaufen konnte. Mindestens eine Million, die kritische Zahl jedes „großen Dings", sei zu holen, munkelte man. In den umliegenden hessischen Gefängnissen machte man sich daran, Überfallpläne auf die einladende, zumal von Schnellstraßen umgebene Einkaufskaserne, bis zur Drehbuchreife zu entwickeln.

Eine Gruppe von fünf Spezialisten hatte sich im Knast zusammengefunden. Als vier schon entlassen waren und der fünfte Freigang genoß, konnten endlich der Tatort besichtigt, Waffen und Fahrzeuge herbeigeschafft sowie Komplizen angeworben und instruiert werden. „Die Panzerfaustbande", wie die Rhein-Main-Frühstückspresse sie später titulierte, war eher ein Zweckbündnis denn eine verschworene Gemeinschaft. Allesamt Profis mit entsprechenden Lebensläufen, führten sie ihre Angriffe mit unnachgiebiger Härte und ungeachtet etwaiger Risiken für Menschenleben durch.

Die Fünf versammelten sich im Spargelmekka Pfungstadt. Der „Caper" schien genial einfach, die Flucht nur eine Spazierfahrt zu sein. Wie zu Zeiten des „schwarzen Bennel" verlief der kürzeste Weg zwischen dem Egelsbacher „Discounter" und ihrem Versteck über Feldwege, quer durch säuberlich frisch aufgeschichtete Spargelbeete. Eine wesentliche Neuerung seit den Tagen des „Bennel" übersahen sie: die Eisenbahn, die auf pfeilgerader Strecke zwischen Darmstadt und Frankfurt mit Höchstgeschwindigkeit fährt.

Die Siedlungen, die entlang der Darmstadt-Frankfurter Linie in diesem Jahrhundert entstanden, sind auf Ruhe und Ordnung bedachte Nester, nur der Anblick samstäglichen Autowaschens oder gelegentlich heimkehrender Traktoren bricht ein wenig den Eindruck nahezu erstarrter Verschlafenheit auf. Straßenleben, Szene und Night Life überläßt man den „Großstädten" im Norden und Süden; man kümmert sich lieber um den ortskonformen Vorgarten und die Familie. Dafür erledigt man mindestens einmal im Monat die großen Besorgungen im benachbarten Egelsbacher Einkaufsklotz.

An einem kühlen Frühlingsabend, dem 11. April 1996, sind die Schlangen vor den 16 Kassen lang. Piepsend werden die Preise von Blumenerde, Gartenmöbeln, Grillaccessoires und Lebensmitteln eingescannt. Der Marktleiter sammelt regelmäßig die sortierten Geldscheine ein, die abgezählt in weiße, mit Reißverschluß gesicherte Plastikcouverts gestopft werden. Eineinhalb Stunden nach dem Schluß des wie immer zu langen Donnerstags klingelt die Geldtransporttruppe draußen an der Stahltür zur Hauptkasse.

Die Fünf kennen die Sammelroute des Transporters genau. Vom Parkplatz aus beobachten sie das Beladen des rollenden Tresors. Daß die Geldboten diesmal ein „ganz dickes Ding" herumkutschieren, ist eindeutig. Der Maschinenbauingenieur der Bande, planerisch begabt und brillant im Improvisieren, hatte drei Jahre zuvor im Alleingang einen Kumpel aus dem bis dahin als äußerst sicher geltenden hessischen Gefängnis von Schwalmstadt mit einem geklauten „Fuchs"-Bundeswehrpanzer befreit. Bei der anschließenden Flucht vor Streifenwagen und Hubschraubern beherrschte der Ingenieur, erstmals am Steuer eines Panzerfahrzeugs, den Wagen so souverän, daß die Flucht der beiden durch den nordhessischen Wald gelang. – Der „Caper" an diesem Abend soll eher eine Routineübung sein. Der Geldtransporter wird seine Fahrt zum Ausgang um den Supermarktquader herum fortsetzen. Dann zieht man die alte Masche mit der Panzerfaust ab.

„Egal, was im Wege steht, weiterfahren!" heißt der Trainings-Spruch für Werttransporteure. Wer aber hält sich ohne Zögern daran, wenn eine Maschinenpistole, eine durchgeladene, abgesägte Repetierschrotflinte und eine „Bazooka" auf den Fahrer gerichtet sind? Mit den Waffen wird drohend herumgefuchtelt, und schon springt die Schiebetür zum Tresorraum auf. Unter höchster Anspannung werden die Kisten in einen geländetauglichen roten Toyota Land-Cruiser umgeladen. Kein Schuß ist gefallen.

Das gestohlene Fun-Car, verziert mit sogenannten Bullhorns, überdimensionierten verchromten Stoßfängern, sitzt schwer auf den Federn, als die Bande sich mit der Beute schlingernd in Richtung Büchlerhöfe über die bewaldete Pferdekoppel und die dunklen Felder davonmacht. Die Fünf wissen: innerhalb von Minuten wird Großalarm die Fluchtwege in alle Himmelsrichtungen abschneiden. Speed ist jetzt alles, der Vorsprung noch bequem. Da verstummen die eben noch heiteren Männer und starren ungläubig voraus: Mag es an den blanken Nerven, an überhöhter Geschwindigkeit oder an ungenauer Ortserkundung liegen, jedenfalls haben sie sich auf den dunklen Feldwegen verfahren. Statt vor sich einen behelfsmäßigen Bahnübergang zu finden, sehen sich die Fünf plötzlich gezwungen, den überbeladenen Allradwagen das gut eineinhalb Meter hohe Graupelbett hinaufzupeitschen, dann holpernd und tastend die Schienen zu überqueren, um endlich im angrenzenden Wald jenseits der Bahntrasse in Deckung zu gehen.

Vorsichtig steuert man zunächst einen Weg parallel zu den Schienen. Etwa bei Kilometer 18,4 in der Nähe des Erzhausener Bahnhofs hat der Land-Cruiser genügend Fahrt aufgenommen, um den Hochsprung zum Schienenbett zu riskieren. Das fahrerseitige Vorderrad geht oberhalb des Schienenstrangs in die Luft, doch mit einem finalen Ruck sackt der hecklastige Jeep wieder ins Graupelbett hinunter. Die Wucht des Aufpralls verbiegt die Radaufhängung derart, daß der Toyota jetzt wie festgehakt in den Schienen klemmt. Vielleicht nur drei, allerhöchstens aber fünf Minuten bleiben den Männern, um sich selbst und einen Teil der Beute zu retten, dann erkennen sie, daß der einäugige Strahl in der Ferne der Scheinwerfer des Interregio Darmstadt-Frankfurt ist. Noch unter grünem Wegsignal fahrend, donnert der vier Meter hohe Koloß heran, alle drei Sekunden durchstürmt die Lok die Länge eines Fußballfeldes. Hecktür auf, jeder Mann eine Kiste, und ab in den Wald. Und da verschwinden sie.

Manche Erzhausener behaupten noch heute, eine Million sei auf den Schienen zurückgeblieben. Archivaufnahmen des Hessischen Rundfunks zeigen deutlich den Land-Cruiser längs aufgeschlitzt; eine Seite des Wagens blieb unversehrt, die andere verwandelte der Zusammenstoß in ein häßlich aufgetürmtes, gequetschtes Blechknäuel. Sechs Stunden lang sperrten Polizei und Bundesgrenzschutz die Nord-Süd-Strecke, um die handlichen, prall gefüllten Geldcouverts einzusammeln. Ortsansässige Augenzeugen meinen, noch viele Tage lang regelrechte Völkerwanderungen hastig Suchender neben den Schienen gesehen zu haben. Der unablässige Wind, der die Spargel am Mittag kühlt, soll auch Geldscheine in die umliegenden Waldstücke geweht haben. Trotz des Jahrhunderte währenden Mangels an passenden Räubergeschichten scheinen die Erzhausener ihren Einfallsreichtum neugierigen Fremden gegenüber keineswegs eingebüßt zu haben. Die Bande sitze schon wieder, aber es fehle noch „eine ganze Menge Kohle", heißt es. Irgendwo in den Dreieichwäldern des „schwarzen Bennel" wird man die verlorene Million der Panzerknacker-Bande schon noch finden.

Zu Gast beim Freiherrn
Räuberschlupflöcher in Eckardroth
Hans Sarkowicz

Wenn man sich Eckardroth nähert, vielleicht von Steinau her oder von Birstein, dann erscheint der heutige Stadtteil von Bad Soden-Salmünster nicht anders als viele ehemalige Bauerndörfer im oder am Rande des Vogelsbergs. Daß hier einmal Räubergeschichte geschrieben wurde, erschließt sich auch nicht auf den zweiten Blick. Aber Eckardroth war um 1800 so etwas wie die heimliche Räuberhauptstadt Deutschlands, der sichere Fluchtpunkt für alle, denen sich Polizei und Militär an die Fersen geheftet hatten. Aus ganz Deutschland kamen in Eckardroth Räuber zusammen, um ein paar Tage auszuspannen oder neue Überfälle zu planen. Warum sie sich gerade in dieser Gegend so sicher wußten, hatte einen besonderen Grund. Eckardroth gehörte wie die Nachbargemeinden Romsthal oder Kerbersdorf zu dem Besitz der Freiherrn von Hutten, die dort auch die Gerichtsbarkeit ausübten. Und da die Steuereinnahmen auch für einen bescheidenen adligen Lebensstil nicht ausreichten, war Friedrich Karl von Hutten ständig auf der Suche nach neuen Geldquellen. Was lag da näher, als denen, die Geld hatten, sich aber verstecken mußten, gegen klingende Münze Unterschlupf zu gewähren. Selbstverständlich trat der Freiherr nicht selbst in Erscheinung. Die Dreckarbeit ließ er seinen Amtmann Kees erledigen, der in Romsthal residierte. Das huttensche Amtshaus, das einem Schlößchen ähnelt, findet sich ganz in der Nähe der katholischen Pfarrkirche St. Franziskus. Kees duldete nicht nur den Aufenthalt der Räuber in den etwa vierzig Häusern von Eckardroth und Romsthal sowie in der Ziegelhütte bei Kerbersdorf, sondern er stellte auch falsche Papiere für die Weiterreise aus. Was um so leichter war, weil es noch keine Paßfotos, Einwohnermeldeämter und zentrale Fahndungscomputer gab. Art und Umfang der „Dienstleistungen" richteten sich danach, was der Räuber zahlen konnte. So berichtete zum Beispiel Carl Heckmann, einer der Anführer der rheinischen Banden, nach seiner Gefangennahme durch den Räuberjäger Anton Keil, wie er zum ersten Mal nach Eckardroth gekommen war:

„Kees fragte mich, ob ich einen Paß hätte. Ich antwortete Ja; er erwiderte, es hätte nichts zu sagen, wenn ich auch keinen hätte, ich könnte einen von ihm bekommen. Ich könnte dableiben. Ich müßte aber für mich vier Kronentaler zahlen. Als ich nachher in Köln aus dem Gefängnis entsprungen war, begab ich mich abermals nach Eckardroth und begehrte Schutz. Man verlangte von mir 42 Gulden. Ich hatte damals nicht so viel und gab eine Karolin, wofür ich jedoch nur auf einen Monat Schutz erhielt. Da ich im Verlauf eines Monats das übrige Schutzgeld nicht beibringen konnte, so gab man mir einen Paß für einen Kronentaler. Damals nannte ich mich Johann Töller."

Es muß ein fideles Leben gewesen sein, unter dem Schutz der Familie von Hutten, die bei jeder sich bietenden Gelegenheit die Hand aufhielt. Schließlich wußte sie, was ihre Schlupflöcher wert waren.

Um ihren Aufenthalt bezahlen zu können, mußten manche Räuber sogar von Eckardroth aus Überfälle verüben. Schon deshalb konnte den Nachbarn der Huttens, nämlich Kurhessen, das böse Treiben unter herrschaftlichem Schutz nicht gleichgültig sein. Aber zunächst hatten alle auch persönlich vorgebrachten Klagen keinen Erfolg. Die Huttens erhöhten nur die Preise oder erwarteten von den Räubern ein paar Kronen mehr – quasi als Gefahrenzulage.

Erst als nach dem Postraub von Würges, also im Januar 1801, von den Regierungen zwischen Rhein, Main und Lahn verschärfte Maßnahmen beschlossen worden waren, bekamen es die Freiherrn von Hutten mit der Angst zu tun. Als erstes wurde, um von der eigenen Verstrickung abzulenken, Amtmann Kees in Unehren entlassen. Der unglückliche Diener seines Herrn verkraftete das nicht und erhängte sich, wie Valentin Senger bei den Recherchen für seinen Roman „Die Buchsweilers" herausfand, am Fensterkreuz einer Försterhütte. Im Sommer 1802 öffneten die Huttens ihre Dörfer für hessisches Militär und den Kölner Chef-Ankläger Keil. Aber die meisten Räuber waren schon über alle Berge. Keil hoffte, zumindest in der Ziegelhütte im Wald bei Kerbersdorf noch einige anzutreffen. Also brach er dorthin auf. Was dann geschah, schildert ein zeitgenössischer Chronist so: „Öd, still und verlassen lag das große Gebäude da, und schon das Äußere verkündete nichts Gutes. Es war sehr spät, als die bewaffnete Macht erschien, es zu durchsuchen. Wie schuldbewußt die Bewohner waren, erwies ihre Flucht. Sie verbargen sich, sobald sie den Namen der Polizei hörten, in dem tiefen Keller, aus dem unterirdische Wege in den Berg, auf dem das Gebäude liegt, führen. In dem öden Haus fand man viele Betten, ein Zeichen des Aufenthaltgestattens, und eine Menge fremder Weiber, ihrer waren zwölf, die vermutlich hier auf die Rückkunft ihrer verscheuchten Männer harrten."

Der Erfolg war also gering. Denn die gutorganisierten Räuberbanden verfügten über ein dichtes Netz von sicheren Herbergen, die sie in ihrer Geheimsprache, dem Rotwelschen, kochemer Bayes nannten. Raffinierte Geheimgänge, verborgene Wandöffnungen oder gutgetarnte Falltüren (ein solcher „Räuberschlupf" ist noch heute an der Hasenmühle bei Schloßborn im Taunus zu bewundern) ermöglichten eine rasche und unauffällige Flucht. Zum nächsten sicheren Versteck. Neben Eckardroth, Romsthal und der Ziegelhütte bei Kerbersdorf (an die heute noch die Ziegelhüttenstraße in Kerbersdorf erinnert), waren es im Kinzigtal vor allem der Hof Kaltenborn (heute an der Straße zwischen Gelnhausen und Neuwirtheim) und die Herberge von Schuchardt in der Gelnhäuser Burg. Hannes Schuchardt unterhielt wie viele Diebswirte auch einen ganz gewöhnlichen Herbergsbetrieb, um seine verbotenen Aktivitäten besser verschleiern zu können. In dem zweistöckigen Backsteingebäude traf sich alles, was Rang und Namen in der Räuberwelt hatte. Schuchardt war eine Art graue Eminenz, dessen Empfehlung in Ekkardroth und anderswo zählte.

Daß man mit Räubern gute Geschäfte machen konnte, wußte nicht nur der gewitzte Schuchardt. Auch die Huttens haben das ausreichend bewiesen. Man mußte nur im richtigen Moment die Seiten wechseln. So ließ es sich die Departementverwaltung in Fulda nicht nehmen, dem Freiherrn von Hutten für seinen erfolgreichen Kampf gegen das Raubgesindel eine besondere Anerkennung auszusprechen.

Der gejagte Jäger
Schützenmord in Frankenberg

Horst Hecker

Etwa 1 km südlich der Stadt Frankenberg, inmitten der zu ihr gehörigen Gemarkung, eingebettet in eine weite, offene Feldlandschaft, erstreckt sich vom Talgrund der Nemphe bis zum gegenüberliegenden Höhenzug im Westen eine etwas über 1000 m lange und bis zu 50 m breite, zur Höhe hin immer flacher werdende muldenförmige Vertiefung, welche zusammen mit den sie unmittelbar umgebenden Gemarkungsteilen den Flurnamen „Im Madenbach" trägt. Einen Bach, wie der Name vermuten läßt, sucht man hier allerdings vergebens. Stattdessen prägen großflächige Äcker und Wiesen das Bild der Landschaft. Irgendwo am oberen Ende der Mulde, wenige hundert Meter unterhalb der heutigen Kreisstraße 117, der alten Marburger Straße, befindet sich die Stelle, an der vor nunmehr 221 Jahren ein Verbrechen geschah. Eine exakte Lokalisierung des Tatorts ist heute freilich nicht mehr möglich. Dazu sind die Angaben in den Akten zu ungenau. Und alle Spuren des Verbrechens hat die Zeit längst unwiederbringlich verwischt.

Es war am 15. Juli 1778, morgens gegen 7 Uhr, als die Witwe Himmelmann aus der Frankenberger Untergasse ganz aufgeregt und völlig außer Atem aus dem Feld in die Stadt gelaufen kommt und die Anzeige macht, im Madenbach liege ein toter Mann. Sie habe, so berichtet sie, diesen Morgen bei Tagesanbruch von ihrem dortigen Triesch eine Last Gras holen wollen, und wie sie nicht weit davon gewesen, habe sie an Caspar Schwaners Acker am Feldgraben zuerst einen Placken Blut auf der Erde und kurz darauf einen toten Mann im Korn liegen sehen. Ohne solchen vor lauter Schrecken näher betrachten zu können, sei sie gleich wieder umgekehrt.

Als sich hierauf die Frankenberger Beamten, der Amtmann Kuchenbecker und der Rentmeister Hauptmann Lange, in Begleitung des Landphysikus Dr. Waldschmidt zu der von der Witwe Himmelmann bezeichneten Stelle begeben, finden sie dort tatsächlich die Leiche eines Mannes. Beine und Oberkörper im Korn, der Kopf nahe einer zwischen den Feldstücken entlangführenden Anwand, um ihn herum mehrere Blutlachen, so liegt er da. Wie sich rasch herausstellt, handelt es sich bei dem Toten um den Frankenberger Stadtschützen Carle Balzer. Die schweren Kopfverletzungen, die derselbe aufweist, lassen darauf schließen, daß er einem Verbrechen zum

Opfer gefallen ist. Eine erste vorläufige Untersuchung der Leiche an Ort und Stelle durch den Landphysikus bestätigt die Vermutung. Der Schütze ist erschlagen worden. Jemand hat ihm mit gewaltigen Hieben den Schädel zertrümmert.

Die Suche nach dem Täter konzentriert sich von Anfang an auf solche Personen, die sich der Schütze durch seine amtliche Tätigkeit zu Feinden gemacht haben könnte. Als der Tat dringend verdächtig werden noch am selben Tag die Witwe Elisabeth Straube und ihre vier Kinder verhaftet. Bei der Visitation des Straubischen Wohnhauses, das in der Nähe des Linnertores im Südosten der Stadt liegt, hat man zuvor mehrere mit Blut besudelte Gegenstände, darunter Kleidungsstücke und einen Ackerstock, gefunden.

Die Familie Straube, die sich hauptsächlich vom Ackerbau nährt, ist wegen ihrer Neigung zum Freveln seit langem berüchtigt. Jedermann in Frankenberg weiß um die tiefe Feindschaft, welche zwischen ihr und dem Schützen bestanden hat. Häufig genug hat er sie in der Vergangenheit vor das Rügegericht und damit in Strafe gebracht. Ihr ist die Tat deshalb durchaus zuzutrauen.

Bei der nachfolgenden Untersuchung durch das Peinliche Gericht in Marburg wird rasch offenbar, daß tatsächlich Haß das bestimmende Motiv für das Verbrechen gewesen ist. Als Täter bekennt sich schließlich der älteste Sohn der Witwe Straube, der knapp 24jährige Johann Henrich. Aus seinen und den Aussagen der übrigen in Haft gezogenen Straubischen Familienmitgliedern läßt sich in etwa folgender Tathergang rekonstruieren:

Am Nachmittag des 14. Juli 1778, gegen 15 Uhr, zieht Johann Henrich Straube wie fast täglich während des Sommers mit seinen beiden Ochsen an die Weide in die nähere Umgebung der Stadt. Sein Weg führt ihn in südlicher Richtung an der Ledermühle vorbei über die Wiesen unweit der Bottendorfermühle zum oberen Madenbach, wo er in einem schmalen Graben zwischen zwei Kornfeldern hütet. Daß dies eine verbotene Hute ist, weiß er, denn auf dem jüngst abgehaltenen Rügegerichtstag ist das Hüten zwischen den Früchten ausdrücklich untersagt worden. Da taucht plötzlich der Stadtschütze Balzer auf und stellt ihn deswegen zur Rede. „Du Lausjunge, was hütest du da!", soll er nach Angaben Straubes zu ihm gesagt haben, worauf er erwidert: „Du sollst mich hinten lecken." Aus dem Wortgefecht entwickelt sich schnell eine handfeste Schlägerei, in deren Verlauf Straube dem wesentlich älteren und ihm an Körperkräften deutlich unterlegenen Balzer mehrere Hiebe mit einem Ackerstock auf den Kopf versetzt, bis dieser blutüberströmt zusammenbricht. In den Schlägen entlädt sich Straubes ganzer, über Jahre aufgestauter abgrundtiefer Haß auf den Schützen. Nur so sind die außerordentlich massiven Kopf- und Schädelverletzungen des Opfers, wie sie der Sektionsbericht des Landphysikus später feststellt, zu erklären.

Nach der Tat verläßt Straube fluchtartig den Ort des Geschehens. In der Nähe der Ledermühle wäscht er sich das Blut und die dem Schützen ausgerissenen Haare von den Händen, bevor er sich nach Einbruch der Dämmerung auf den Heimweg macht. Zu Hause angekommen, läuft er sofort zu seiner Mutter ans Bett und erzählt ihr, was geschehen ist. Am selben Abend geht Straube, in Begleitung seiner 21jährigen Schwester Anna Katharina, noch einmal zum Tatort hinaus, um dem Toten sein Geld abzunehmen, welches er anschließend seiner Schwester gibt, die es zuhause in Gegenwart der Mutter zählt und danach unter einem Mehlkasten versteckt.

An das Verbrechen knüpfte sich eine ganze Reihe von Fragen, auf die das Gericht, trotz aller aufgewandten Mühe, nicht in jedem Fall eine abschließende Antwort zu finden vermochte. War es von Straube etwa von vornherein darauf angelegt gewesen, daß der Schütze ihn an dem verbotenen Ort antreffen mußte, um sich „an ihm zu reiben", wie man in Frankenberg allgemein glaubte, um ihn also, wenn nicht zu töten, so doch zumindest einmal tüchtig zu verprügeln und sich auf diese Weise für die erlittene Unbill zu rächen? Welchen Anteil hatten Mutter und Schwester an der Tat? Nach Ablegung des Geständnisses beteuerte Straube in der Folge standhaft, den Totschlag an dem Schützen wie auch dessen nachträgliche Beraubung nicht aus eigenem Antrieb begangen zu haben, sondern dazu von seiner Mutter angestiftet worden zu sein. Inwieweit dieser Vorwurf der Wahrheit entsprach, oder ob er lediglich den Zweck hatte, die Schuld von sich abzuwälzen, wie die ihn auf das entschiedenste zurückweisende Mutter behauptete, konnte letztlich ebensowenig eindeutig geklärt werden wie die vom Gericht unterstellte Mittäterschaft ihrer Tochter Anna Katharina. Gleichwohl wurde Elisabeth Straube durch Urteil vom 10. Mai 1779 auf unbestimmte Zeit, ihre Tochter für ein Jahr in das Spinnhaus nach Kassel geschickt. Für Johann Henrich Straube aber stand am Ende des Prozesses die Todesstrafe. Am 21. Mai 1779 wurde er, wie es in dem Urteil wörtlich heißt, „sich zur wohl verdienten Strafe, und andern zum abscheulichen Exempel", auf dem Rabenstein bei Marburg mit dem Schwert hingerichtet, sein Körper anschließend auf das Rad geflochten und der Kopf auf einen Pfahl gesteckt.

Dieses Verbrechen ist kein spektakuläres gewesen, jedenfalls war es nicht so spektakulär, daß es einen Platz im historischen Gedächtnis der Region gefunden hätte. Inwieweit es repräsentativ war für die Epoche, in der es geschah, läßt sich schwer bestimmen. Konflikte zwischen der Bevölkerung und den Feldschützen bzw. Feldhütern, wie sie auch genannt wurden, von denen es in der frühen Neuzeit so gut wie in jedem Dorf und in jeder Stadt einen gab, waren damals durchaus an der Tagesordnung. Natürlich endeten sie nicht immer so extrem wie im vorliegenden Fall. Die Feldhüter, deren Aufgabe es war, die Einhaltung der Flurordnung zu überwachen und Verstöße dem Feldrügegericht anzuzeigen, neigten häufig dazu, ihr Amt zum eigenen Vorteil und zum Schaden anderer zu mißbrauchen. Nicht von ungefähr wird in dem einschlägigen Artikel im Zedlerschen Lexikon dasjenige, dessen sie sich in ihrem Amt befleißigen sollen, in drei, dasjenige, dessen sie sich dabei zu enthalten haben, dagegen in neun Punkten abgehandelt. Der erschlagene Frankenberger Stadtschütze Carle Balzer scheint nun auch einer von denen gewesen zu sein, welche es mit ihren Pflichten nicht so genau nahmen, oder anders gesagt: er war offenbar parteiisch und überdies korrupt. Daß dies bei seiner Ermordung eine Rolle gespielt hat, ist gewiß. So wurde am Ende aus dem Jäger ein Gejagter.

Die Kindsmörderin
Goethes Gretchen – Susanna Margaretha Brandt
Anja Johann

Das harte Aufschlagen von Skateboards hallt über den weiten Platz an der Hauptwache und bildet ein unerbittliches Stakkato. Geschäftsleute hasten vorbei; die Börse liegt nur einen Steinwurf entfernt. Früher exerzierten hier Soldaten der Stadtgarnison. In ihrem Wachgebäude trinken heute müde Touristen Kaffee und heiße Schokolade. Aus Rücksicht auf die freie Sicht der Anlieger wurde die Hauptwache 1728 vom Stadtbaumeister Samhaimer nur zweigeschossig entworfen. Zwischen den Hochhäusern wirkt sie in unseren Tagen puppenhaft klein. Nur zur gegenüberliegenden Katharinenkirche, einer alten Zeitgenossin, stimmen die Proportionen noch.

Der Zug schweigsamer Männer hat etwas Unheimliches. Am Nachmittag des 13. Februar 1772 kommen alle Zimmerleute der Stadt, streng in Dreierreihen geordnet, langsam schreitend die Zeil herunter. Ziel ihres Marsches ist der Platz vor der Hauptwache, der „Platz zur Röhre", wie er damals nach einem dortigen Brunnen genannt wird. Die Handwerker errichten ein Schafott; gemeinsam, wie es die Tradition vorsieht, damit keiner dadurch seine Ehre verliert. Jeder Hammerschlag schallt hinüber zum Katharinenturm, der unmittelbar an die Kirche gebaut ist. Im Arme-Sünder-Stübchen wartet dort die „Malifikantin" auf ihre Hinrichtung: Susanna Margaretha Brandt, 24 Jahre alt und von der Justiz überführt, ihr neugeborenes Kind ermordet zu haben.

Ein halbes Jahr zuvor, am Abend des 2. August 1771, war eine Frau vor dem „Jüngeren Bürgermeister" der Stadt erschienen. Maria Ursula König erstattet Anzeige gegen ihre jüngste Schwester, Susanna: Diese sei „wegen einer verheimlichten Geburt sehr verdächtig" und „habe sich entfernt". Unverzüglich setzt die Anzeige das Räderwerk der Strafverfolgung in Bewegung. Eine Ordonnanz wird sogleich „Zum Einhorn" geschickt, dem Gasthaus, wo Susanna in Diensten steht.

Noch heute ist der Standort des Anwesens gut zu lokalisieren: Die jetzige Straßenbezeichnung „An der Staufenmauer" deutet darauf hin, daß der Gasthof direkt an der alten Stadtbefestigung lag. Nur an dieser Stelle hat ein Überrest von ihr die Zeiten überdauert. Kinder spielen heute in ihrem Schatten.

Der Soldat inspiziert den Stall und findet schließlich unter dem Stroh einen toten, neugeborenen Jungen. Susanna wird steckbrieflich gesucht und bereits am folgenden Tag bei dem Versuch festgenommen, durch das Bockenheimer Tor in die Stadt zu gelangen. Sie hatte sich für eine Nacht ins erzbischöfliche Mainz, damals schon Ausland, geflüchtet. Bei ihrem ersten Verhör erzählt sie eine zurechtgelegte Geschichte: Sie habe von ihrer Schwangerschaft rein gar nichts gewußt, sei von der Geburt überrascht worden und schließlich habe sie an dem Knaben kein Leben gespürt, eine Totgeburt sei es also gewesen. Die Angst, man könne sie für eine Mörderin halten, habe sie aus der Stadt getrieben. Die „Peinliche Halsgerichtsordnung" Kaiser Karls V. von 1532, noch im 18. Jahrhundert gültiges Strafgesetz, verlangt ein Geständnis der Delinquentin. Um Susanna zur Wahrheit zu zwingen, wird das bereits beerdigte Kind wieder ausgegraben und ihr vorgelegt. Die schockierte junge Frau bekennt im Angesicht des Leichnams, „das Kind in der Absicht so angepackt zu haben, damit es nicht schreyen, sondern ersticken sollte." Wer kann sie nun noch vor dem Henker retten?

Die Obrigkeit arbeitet gründlich. Zeugen werden trotz Susannas Geständnis akribisch, detailversessen vernommen. Ein Bild der Geschichte entsteht. Kurz vor Weihnachten 1770 steigt ein holländischer Kaufmannsdiener im Gasthaus „Zum Einhorn" ab. Susanna bringt dem Gast das Essen auf sein Zimmer. Er lädt sie schmeichlerisch zu einigen Gläsern Wein ein. Susanna ist schnell betrunken, bald darauf gefügig. Sie kann später sich und anderen ihr Verhalten nur so erklären, daß „er ihr etwas in den Wein gethan". Nach sechs Tagen reist der Mann weiter, Susanna kennt weder seinen Namen noch seinen Wohnort. Ihre bald gespürte Schwangerschaft will sie kaum sich selbst, geschweige denn anderen eingestehen. Die Nachbarn tuscheln schon. Grund für ihr hartnäckiges Leugnen sei „die Angst vor der Schande und dem Vorwurf der Leute, daß sie ein unehrliches Kind geboren", sagt sie im Verhör aus. Nur durch Beseitigung des Kindes glaubt Susanna, auch ihre Schande beseitigen zu können. Wie so viele andere Frauen. Allein im überschaubaren Frankfurt jener Zeit wurden innerhalb von nur zehn Jahren rund siebzig neugeborene Kinder gefunden, tot oder lebendig – in den

Abortgruben, auf öffentlichen Plätzen, im Main treibend. Und wie viele wurden wohl nicht gefunden?

Susanna bekommt einen Pflichtverteidiger, der sich in einem langen Plädoyer redlich bemüht und schließlich um ein schnelles und mildes Urteil bittet. Und tatsächlich fällt der Rat ein gnädiges Urteil: für Kindsmörderinnen sieht das geltende Strafrecht lebendiges Begraben, Pfählen oder Ertränken vor, Susanna aber soll mit dem Schwert enthauptet werden.

Als Johann Wolfgang von Goethe Mitte August 1771 von seinem Studium in Straßburg nach Frankfurt zurückkehrt, schwirren in den Gassen und Salons die Gerüchte über die inhaftierte Kindsmörderin. Goethes Familie ist fest eingebunden in das gesellschaftliche und politische Leben der Stadt und etliche Fäden lassen sich zwischen ihr und am Prozeß beteiligten Personen ziehen. Der junge Jurist verfolgt aufmerksam das Schicksal der Dienstmagd. Es wird ihm schließlich als Vorlage für die „Gretchen-Tragödie" im „Faust" dienen. Warum stimmt der Weimarer Geheimrat elf Jahre später der Enthauptung Catharina Höhns zu, die, wie Susanna – wie Gretchen – ihr neugeborenes Kind getötet hat?

Am Morgen des 14. Februar 1772 sind alle Stadttore verschlossen. Hinrichtungen waren perfekte herrschaftliche Inszenierungen vor großem Publikum. Susanna wird vom Katharinenturm hinüber zum Richtplatz vor der Hauptwache geführt. Das Volk betet und singt. Der junge Henker Johann Heinrich Hoffmann, kaum älter als Susanna, erledigt seine Aufgabe vorschriftsmäßig. Susanna wird auf dem Friedhof des Gutleuthofs außerhalb der Stadt begraben. Kein Geistlicher hat sie begleitet.

Das Mädchen Nitribitt
Der Nitribitt-Mord in Frankfurt
Helga Dierichs

Eigentlich keine Adresse für ein Kapitalverbrechen, noch dazu am hellichten Tag, wie die Polizei vermutet: am 29. Oktober 1957 zwischen 16 Uhr und 17 Uhr 30. Der Tatort ein neues Apartementhaus direkt in der Innenstadt, neben dem Eschenheimerturm, vis à vis vom Rundschauhaus. Hier gehen die Wohnungen auf einen schlauchartigen Laubengang; durch die Lüftungsschlitze in den Wohnungstüren hört jeder den Besuch des Nachbarn. Und doch ist hier zwischen Dienstag, dem 29. Oktober nachmittags und Freitag, dem 1.11. einer der spektakulärsten Morde passiert, wurde hier die Edelhure Rosemarie Nitribitt in ihrem Zweizimmerapartement erwürgt. Eine Tat, die nie aufgeklärt wurde, die unter Gerüchten und widersprüchlichen Indizien mehr zur Legendenbildung taugte als zu nüchterner Beweisführung.

Die blonde Rosi, die sich auf dem Strich „Rebecca", auch „Becki" oder „Gräfin Maritza" nannte, wollte hoch hinaus. Sie war nicht die einzige Lebedame der Stadt, aber die erfolgreichste. Ganz offen mit Namen und Adresse stand sie im Telefonbuch, Beruf: Mannequin. Gar nicht so abwegig bei ihrer gertenschlanken Figur, ihrem geschickten Make up und den eleganten dezentfarbenen Kostümen im „New Look" jener Jahre. Einer ihrer besten Dauerfreier, ein Industrieller aus Istanbul, soll ihr diese Berufskleidung empfohlen und ihr beim Kauf eines Opel Kapitän unter die Arme gegriffen haben. Auf ihren nächtlichen Rundfahrten durch die Stadt koberte sie aus ihrem Gefährt heraus die Männer an. Im Mai 1956 tauschte sie den Opel gegen das bald stadtbekannte schwarze Mercedes Coupé 190 SL mit Ledersitzen und anderem Schnickschnack ein.

Aus ihrem offenen Sportwagen heraus sprach sie die Männer an, während sie so ab fünf Uhr nachmittags langsam um den Kaiserbrunnen kurvte, vom Frankfurter Hof zum Straßencafé, dann die Kaiserstraße hinunter bis zum Bahnhof, zum nächsten Hotel, zur Messe, die Einkaufsstraßen herauf immer auf der Suche nach zahlungskräftiger Kundschaft. Zuweilen begnügte sie sich aber auch mit einfachen Schluckern.

Ihr kometenhafter Aufstieg als Dame für bessere Stunden war unaufhaltsam in einer Zeit, in der vor allem in Frankfurt die Devise lautete: „Haste was, biste was." Das Auto signalisierte den Männern:

kein Schmuddel, sondern Luxus – eine geniale Verkaufsstrategie. Ihr Name sollte zum Inbegriff des Verruchten in diesen miefigen, verlogenen Jahren des Wirtschaftswunders werden.

Sie kam aus bedrückenden Verhältnissen, war uneheliche Tochter einer etwas beschränkten Mutter; hatte von zwei verschiedenen Stiefvätern noch Halbschwestern, wuchs zunächst im Waisenhaus, dann bei älteren Pflegeeltern in der Nähe des Laacher Sees auf. Früh wurde sie Fürsorgezögling, vor allem weil sie sich mit französischen Besatzungssoldaten einließ. Es folgten mehrere Erziehungsheime, immer wieder riß sie aus, um dann mit der Volljährigkeit mit 21 Jahren Tischdame, später Bardame in einschlägigen Etablissements zu werden.

Als sie 1956 in die Stiftstraße 36 zog, zahlte sie locker ein paar Tausend Mark als Baukostenzuschuß und monatlich 160,– Mark Miete, das waren damals gepfefferte Preise. Ihr eigener Preis lag zwischen 50,– und 300,– Mark. Allerdings ging auch das Gerücht, sie habe schon mal 500,– Mark verlangt für eine ganze Nacht und einige Extras. Eine ihrer Bekannten will mal rote Striemen auf ihrem Rükken gesehen haben. In jener Zeit ungeheuerliche Vorgänge in einer Welt, in der Nacktheit nicht einmal gedacht werden sollte. Ungeheuerlich auch, daß gemunkelt werden konnte, eigentlich bevorzuge sie ja Frauen, die Männer seien halt ihre Geldquelle.

Mit ihren Nachbarn im Haus hatte sie Glück. Es waren meist junge Berufstätige, die zwar wußten, daß nebenan Wohnungsprostitution stattfand, so schlicht würde das heute genannt, die aber keinen Anstoß daran nahmen: weder die junge Lokalreporterin der FAZ noch der Karikaturist der Frankfurter Rundschau. Er begegnete, so erinnert er sich heute noch, des öfteren gegen Mittag dieser eher unscheinbaren jungen Frau im Morgenmantel, blaß und schmal, einen weißen Pudel auf dem linken Arm und die Milchflasche in der Rechten. Einmal konnte er einen Blick in ihre Wohnung werfen: Gelsenkirchener Barock, Chippendale-Möbel, Plüsch und Geflochtenes.

Als die Polizei sie dann am Freitagnachmittag fand, war sie mit einem grauen Kostüm bekleidet, lag auf dem Rücken am Boden, unter der blutenden Wunde am Kopf war zur Verblüffung der Beamten ein Frotteetuch gefaltet; Todesursache: Erwürgen von hinten. Der

Körper war schon in einem starken Verwesungszustand. Allerdings konnte kein eindeutiger Todeszeitpunkt festgestellt werden. Aufgrund von mehreren Indizien wurde dann Dienstag nachmittag der 29. Oktober angenommen. So standen vor der Wohnungstür drei Brötchentüten unberührt. Ebenso war der geliebte Mercedes nicht wie verabredet an jenem Dienstag um 17 Uhr in der Werkstatt abgeholt worden. Als Täter kamen unzählig viele Freier und Bekannte infrage. Sogar von Auftragsmord war die Rede, da Rosemarie sich brüsten konnte, berühmteste Männer aus der deutschen Industrie als Kunden und Gönner zu haben. Das Foto eines Industriebarons aus dem Ruhrgebiet hing an ihrer Wand. Die Polizei ging Hunderten von Spuren nach, auch in der bundesrepublikanischen Geldaristokratie. Aber bis heute schweigen die Kripobeamten über Namen. Noch immer umgibt diesen Mord ein erstaunliches Schweigegebot.

Einige Monate später wird Rosemaries „Hausfreund", der homosexuelle Handelsvertreter Heinz Pohlmann festgenommen. Er hatte sich bei diversen Vernehmungen durch Widersprüche und Lügen verdächtig gemacht, hatte für den angenommenen Todeszeitpunkt kein Alibi, war durch verschiedene Vertuschungsmanöver aufgefallen und verfügte plötzlich über 18000,– Mark, um damit seine brennendsten Schulden abzahlen zu können. Einige Vertraute, so auch der Verdächtige, wußten, daß Nitribitt mindestens diesen Betrag in der Wohnung aufbewahrt hatte.

Dennoch, Heinz Pohlmann wurde mangels Beweisen und trotz erheblichen Tatverdachts vom Schwurgericht in Frankfurt freigesprochen. Ein gutes Urteil, denn die Indizienkette hatte sich nicht lückenlos schließen lassen.

Schüsse in der Morgendämmerung
Die Verhaftung der RAF-Spitze in Frankfurt

Ulrich Sonnenschein

Ruhig wird es, wenn die Glocke der benachbarten Schule die Pause beendet, so ruhig, daß man trotz der nahen Hauptstraße die Vögel zwitschern hört, jäh unterbrochen von dem Maschinenkreischen aus der Werkstatt eines Steinmetzes, der auf einem alten Schild für sein Gewerbe wirbt: „Grabdenkmäler seit 1909". Es ist der bessere Teil des Viertels, kleine Straßen mit niedrigen Appartement- oder Ein- bis Zweifamilienhäusern. Nicht protzig, aber doch mit einer gewissen Vorgartenidylle. Ärzte wohnen hier, Lehrer, Rechtsanwälte. Oft zieren nur die Initialen des Besitzers die Türschilder.

Eine dieser unauffälligen Nebenstraßen im Frankfurter Viertel Dornbusch, zwischen Hauptfriedhof und Hessischem Rundfunk, wird urplötzlich zum Schauplatz einer spektakulären Verhaftung. An der Ecke zwischen Kühhornshofweg und Hofeckweg stürmt die Polizei an einem Donnerstagmorgen, am 1. Juni 1972 um 5.30 Uhr, eine unauffällige Garage, die RAF-Aktivisten als Sprengstofflager dient. Dabei gehen ihnen die wichtigsten der gesuchten Terroristen, Andreas Baader, Holger Meins und Jan Carl Raspe, ins Netz. Ein enormer Erfolg der Frankfurter Sondereinheit Baader/Meinhof, der letzlich das Ende der Gruppe einläutet. Denn jetzt fehlen von den Anführern nur noch die Frauen: Gudrun Ensslin, Ulrike Meinhof und Ilse Stachowiak.

So zufällig die Verhaftung gerade dieser Personen war, die Garage, in der sich Meins und Baader schließlich verschanzten, stand schon seit Wochen unter Beobachtung. Sollte es tatsächlich zu einem Anschlag kommen, den die RAF bundesweit für den 2. Juni, den 5. Todestag Benno Ohnesorgs, angekündigt hatte, und sollte diese Garage tatsächlich ihr Bombenlager sein, so war der Tag für den Einsatz gekommen. Die Polizei war also gut vorbereitet, als gegen fünf Uhr ein violetter Porsche Targa mit drei Männern im Hofeckweg eintraf. Die Männer stiegen aus und gingen schnellen Schritts auf die Garage zu. Doch nur Meins und Baader erreichten den Raum noch, Jan Carl Raspe wurde bereits im Vorgarten von der Polizei überwältigt und festgenommen. Was nun begann, war ein Kräftemessen im Stile David gegen Goliath. Mannschaftswagen der Polizei kamen mit Blaulicht und umstellten das gesamte Karree, Scharfschützen gingen in Deckung und bezogen in den umliegenden Wohnungen Stellung, und ein Panzerwagen der Bereitschaftspolizei rollte auf die Garage zu. Dann forderte das Megaphon der Polizei: „Kommen sie heraus, ihre Mittel sind begrenzt, unsere dagegen nicht." Meins und Baader eröffneten das Feuer. Dumdum-Geschosse durchschlugen Autoreifen, bis zu zwanzig Schüsse fielen. Die Polizei setzte Tränengas ein, nicht sicher, ob Baader sich selbst und damit das ganze Haus in die Luft sprengen würde. Wieder die Aufforderung, sich zu ergeben. Als die Reaktion abermals ausblieb, stieß der Panzerwagen die Tür auf. Holger Meins, durch einen Streifschuß leicht verletzt, gab auf. Ohne Widerstand zu leisten zog er sich bis auf eine Badehose aus und kam mit erhobenen Händen hinaus. Dann rannte Baader wild um sich schießend ins Freie. Beim Rückzug in die Garage wurde er von einem der Scharfschützen ins Hinterteil getroffen, stürzte zu Boden und beschimpfte die Polizei noch auf der Bahre als „Schweine". In dem violetten Porsche fand die Polizei selbstgemachte Handgranaten und eine Bombe in Form einer verschweißten Geldkassette, in der Garage weiteren Sprengstoff, Sprengsätze, Zünder, Kabel und Patronen. Alles wurde sichergestellt und kaum drei Stunden später war es hier wieder so ruhig wie zuvor. Ein Sprengstoffdepot wurde ausgehoben, eine konspirative Wohnung dazu gab es nicht. Daß aber gerade hier, in der besseren Gegend der Stadt, viele Sympathisanten der RAF lebten, von denen der Terror, der schließlich Ponto, Schleyer, Buback und Herrhausen das Leben kostete, dann weitergetragen wurde, sollte sich erst viel später herausstellen.

Andreas Baader war im Gegensatz zu der intellektuellen Journalistin Ulrike Meinhof eher der unpolitische Anführer der Baader-Meinhof-Gruppe. Ein hemmungsloser Draufgänger, der mit Pathos die Überschreitung der bürgerlichen Gesetze propagierte und dessen Idee es war, daß eine kriminelle Tat an sich schon eine politische Tat sei. Aber immer wenn Ideen diskutiert werden sollten, wich Baader aus. Auch bei der Ausbildung in den Lagern der El-Fatah im nahen Osten hielt er sich zurück. Drill und militärischer Eifer lagen ihm nicht. Er wollte ein General der Stadtguerilla sein, befehlen und glänzen. Als er im Januar 1968 in einer Berliner Altbauwohnung auf die Pfarrerstochter Gudrun Ensslin traf, die dort mit dem Schriftsteller Bernward Vesper lebte, hatte er sein Ziel erreicht. Gemeinsam legten sie den berüchtigten Brand in den Frankfurter Kaufhäusern Kaufhof und M. Schneider. Auf einem Zettel fand man später die Begründung: „Wir zünden Kaufhäuser an, damit ihr aufhört zu kaufen. Der Konsumzwang terrorisiert euch." Die Zukunft hieß nun Aktionen aus dem Untergrund. Baaders Form von Widerstand war renitent und doch sehr nah an den Resten der außerparlamentarischen Opposition. Spaß, Entspannung und Lebenslust spielten bei ihm sicher eine ebenso große Rolle wie der politische Wille. Sein Ziel war der Bruch mit der satten bürgerlichen Gesellschaft der sechziger Jahre, sein Schicksal war die Bewaffnung. Zu einer Zeit, in der Günter Grass, Luise Rinser und Heinrich Böll die Unzufriedenheit dieser Studentengeneration noch nachvollziehen konnten, hatte sich der Kern der RAF bereits soweit radikalisiert, daß aus dem Bruch mit der Gesellschaftsordnung der Wunsch nach ihrer vollständigen Zerstörung geworden war.

Schlafend in den Tod
Das Karry-Attentat in Frankfurt
Manfred Mays

Frankfurt am Main, Stadtteil Seckbach. Vom alten Ortskern mit seinen Fachwerkhäusern schlängelt sich die Hofhausstraße gemächlich hügelan Richtung Stadtautobahn. Wohlhabende, architektonisch jedoch eher langweilige Bürgerhäuser säumen die ebenso gepflegt wie verschlafen wirkende Straße. Auf halber Höhe dann jedoch ein Haus, daß aus dem Rahmen fällt: Ein mächtiger, weiß getünchter Betonkubus, der sich wie ein überdimensionaler Zeigefinger aus dem Hang herausschiebt – nüchtern, futuristisch, zeitlos. Und ebenso ungewöhnlich wie die Architektur ist auch die Geschichte des 1961 erbauten Hauses. Wurde doch hier, zum ersten Mal seit dem Anschlag auf Walter Rathenau, wieder ein amtierender Minister auf deutschem Boden ermordet. Das Opfer des heimtückischen Anschlags: Heinz Herbert Karry, Bundesschatzmeister der FDP, Wirtschaftsminister und stellvertretender Ministerpräsident des Landes Hessen.

Das Attentat auf den 61 Jahre alten Liberalen geschah in der Morgendämmerung des 11. Mai 1981. Gegen fünf Uhr, so die Rekonstruktion der Tat, wurden in schneller Folge sechs Schüsse durch ein offenstehendes Fenster in das Schlafzimmer der Karrys abgefeuert: Vier Geschosse trafen den Minister, ein Projektil zerfetzte seine Bauchschlagader. Wenig später konnte der Notarzt nur noch den Tod des agilen Politikers feststellen: Heinz Herbert Karry war 'in den eigenen Leib hinein' verblutet.

Die Suche nach den Mördern des FDP-Mannes stand von Anfang an unter keinem guten Stern: Unbedarfte Polizisten vernichteten gleich zu Beginn der Ermittlungen wichtige Spuren. Blinder Aktionismus ließ die unter Erfolgsdruck stehenden Fahnder nicht selten ins Leere laufen. Ganz zu schweigen von dem Zuständigkeitsgerangel, das immer wieder zwischen Bundes- und Landesbehörden ausbrach. Selten, so erinnert sich der Sohn des Ermordeten, habe er derart dilettantische Ermittlungsarbeiten gesehen. Schon drei Tage nach dem Tod seines Vaters habe für ihn festgestanden, daß man die Täter nie finden würde.

Und das Ergebnis gibt Ronald Karry, der vor ein paar Jahren in das Haus seiner Eltern eingezogen ist, recht: Bis heute konnten die Mörder des 'lupenreinen Liberalen' nicht ermittelt werden. Dabei wurde in der bundesdeutschen Kriminalgeschichte die Aufklärung eines

Kapitalverbrechens selten mit solch großem Aufwand betrieben wie im Falle Karry. Und selten zuvor war auch die Ausgangssituation der Ermittler bei einem Verbrechen dieser Größenordnung besser als hier. Immerhin hatten die Täter vielversprechende Spuren hinterlassen: Die Tatwaffe, die in der Nähe des Karryanwesens von Schülern gefunden wurde. Sechs Geschoßhülsen einer amerikanischen Hochgeschwindigkeitsmunition, die noch nie zuvor in der kriminellen Szene der Bundesrepublik verwendet worden war. Eine Klappleiter aus Aluminium, die man an einer Seite um eine Stufe verkürzt hatte, um das Gefälle unterhalb des Schlafzimmers auszugleichen. Außerdem hatten sich Zeugen gemeldet, die sowohl die mutmaßlichen Täter wie auch deren Fluchtfahrzeug beschreiben konnten: Ein junges Pärchen zwischen 20 und 30 Jahren, das kurz vor dem Anschlag in der Nähe des Tatortes beobachtet worden war. Ihr Fahrzeug: ein roter Golf oder Fiat 128, dessen Kennzeichen mit der sinnigen Buchstabenfolge F-DP begonnen haben soll.

Bis zu 170 Kriminalbeamte arbeiteten zeitweise in der SOKO Karry, über 400 Aktenordner füllten sich im Laufe der Jahre mit Ermittlungsergebnissen. Doch die Untersuchungen brachten die Fahnder keinen Schritt vorwärts, alle sogenannten 'heißen Spuren' entpuppten sich letztlich immer wieder als 'heiße Luft'. So wurden z.B. im Laufe der Ermittlungen über 16.000 PKWs der Marke Golf überprüft, ermittelten Kriminalbeamte rund 500 Käufer von Alu-Klappleitern Marke Tatort, suchten Fahnder selbst in Japan und den Vereinigten Staaten nach Spuren, die sie zu den Besitzern der Tatwaffe hätten führen können. Alle Mühe war jedoch vergebens. Nach 1.267 verfolgten Spuren und zweieinhalb Jahren Fahndungsarbeit löste der hessische Innenminister Günther im Januar 1984 die Sonderkommission Karry auf. Nur wenige Beamte beschäftigten sich jetzt noch mit Spuren, die nicht ausrecherchiert waren. Im Mai '86 schließlich schloß die federführende Bundesanwaltschaft in Karlsruhe endgültig die Akten: Der Fall Karry war, so scheint es, nicht zu lösen – unter dem Strich ein Ermittlungsdesaster ohnegleichen.

Ein Grund für das Versagen der Ermittlungsbehörden könnte sein, daß die Fahnder – allen voran Generalbundesanwalt Rebmann – die Mörder Karrys primär in der linksterroristischen Szene gesucht haben. Ihr Kalkül dabei: Heinz Herbert Karry, der sich als Minister stets mit großem Nachdruck für technologische Großprojekte wie Biblis C, Startbahn West oder atomare Wiederaufbereitungsanlagen einsetzte, hatte sich im Lager der Umweltschützer und Bürgerinitiativen viele Feinde gemacht. Nur in diesem Umfeld, so glaubten die Ermittler, seien ernsthaft Motive und Täter für den Mord zu finden. Ein anonymer „Bekennerbrief", der drei Wochen nach dem Anschlag bei dem Frankfurter Szeneblatt Pflasterstrand einging, schien ihnen recht zu geben. Bekannten sich doch darin „Revolutionäre Zellen" dazu, Karry – den sie u.a. für Waffenlieferungen in Spannungsgebiete, jede Menge Autobahnen und 'Umweltschweinereien' verantwortlich machten – getötet zu haben. Dies sei jedoch nicht beabsichtigt gewesen. Vielmehr habe man ihn nur „durch mehrere Schüsse in seine Beine" für längere Zeit daran hindern wollen, „seine zerstörerischen Projekte weiter zu verfolgen". Hätten sie den Minister tatsächlich umbringen wollen, dann hätten sie seinen Kopf oder Oberkörper 'ins Visier genommen', das wäre „wesentlich leichter gewesen". Das aber war objektiv nicht möglich. Denn Kopf und Oberkörper des Ministers wurden zum Zeitpunkt der Tat durch die erhöht vor ihm liegende Ehefrau vollständig verdeckt. Aber auch andere Details des Bekennerbriefs stimmten nicht mit der Realität überein. Gut möglich, daß hier Trittbrettfahrer oder Fälscher am Werke waren, die Täterschaft der 'Revolutionären Zellen' jedenfalls scheint mehr als zweifelhaft zu sein.

Wer aber, wenn nicht die 'Revolutionären Zellen', hat den 'guten Mann von Seckbach' umgebracht? Ein weites Feld für Spekulationen. Denn Heinz Herbert Karry, der von seinen Freunden gern als einfühlsam, tolerant und volkstümlich beschrieben wird, war eine schillernde Persönlichkeit. Zumal er ebenso zuvorkommend und liebenswürdig sein konnte wie verletzend, unduldsam und von unnachsichtiger Härte – Hauptsache, es nutzte ihm und seiner Partei. Und Karry war, was gerade in den Monaten vor seinem Tod mehr und mehr sichtbar wurde, in jede Menge Affären und Skandale verwickelt: Parteispendenaffäre, Helaba-Skandal, Preisabsprachen, Vermittlung von Waffengeschäften. Wen würde es wundern, wenn er sich dabei jede Menge Feinde gemacht hätte...

Flammen der falschen Leidenschaft
Der Opernbrand in Frankfurt

Natascha Pflaumbaum

Frankfurt, 12. November. Ein ganz normaler Herbsttag, eine unscheinbare, trübe Nacht. Die Vorstellung ist gelaufen. Fiordiligi und Dorabella, Don Alfonso und Despina haben großen Schlußapplaus bekommen. Noch lange Zeit nachdem der Vorhang gefallen ist, sitzen Geschäftsführerin Gabi Seibel und ihr Kollege Herbert Kling zusammen: Kasse machen. Sie wollen gerade nach Hause gehen, als sie ein lautes Donnern jäh aus der Ruhe der Nacht zerrt. Ein aufgeregter Feuerwehrmann trommelt dröhnend an das Fenster. Gabi Seibel schaut in die Dunkelheit: „Ich dachte zunächst, es ist Nebel. Doch plötzlich hörten wir Sirenen, Feuerwehrautos stoppten vor dem Haus", berichtet sie später. Der Feuerwehrmann brüllt: „Die Oper brennt! Schnell, wie kommen wir in die Oper?" In Sekundenbruchteilen erfaßt Gabi Seibel die Situation, sie handelt geistesgegenwärtig. „Durch die Küche ins Foyer, von dort aus in den dritten Rang. Dort gibt es eine kleine Tür, die zum Bühnenraum führt." Die Feuerwehrmänner folgen ihr und werden unversehens Zeugen eines flammenden Infernos: die 60 mal 60 Meter große Bühne steht kurz vor ihrer Einäscherung. Ein riesiges Flammenmeer brandet auf, gewaltig genug, alles niederzuwalzen.

Es ist 3 Uhr 19, als in dieser Nacht zum Donnerstag in der Frankfurter Oper die Zeit stehen bleibt. So zeigt es später der Zeiger der Uhr. Uhrenvergleich für die Ewigkeit, denn das, was das Feuer übrigläßt (so das schauerliche Bild am nächsten Tag), sind die Überreste eines leeren Sarkophags, der mitten in sein Herz getroffen wurde, dessen Seele geraubt wurde: ein Sarkophag, dessen verrußtes Stahlskelett mahnend in den tristen Herbsthimmel ragt.

3 Uhr 40. Das Bühnenhaus stürzt ein, derweil rücken über 500 Feuerwehrmänner an, um zu retten, was noch zu retten ist. Frankfurts Kulturdezernent Hilmar Hoffmann wird aus dem Bett geklingelt, eilt zur Oper; wadentief im Löschwasser stehend, findet er sich wieder und bekennt verzweifelt: „Das ist der deprimierendste Tag meiner Frankfurter Tätigkeit."

Als kurz darauf die ersten Löschzüge ihre Arbeit aufnehmen, ist bereits alles zu spät: die gesamte Obermaschinerie ist zerstört, der Schnürboden, der am Abend noch die Kulisse hielt: hinweggerafft. Die Beleuchtung, die Technik, die Unterbühne, der Malsaal, das

Farbenlager, eine Probebühne: alles frißt der unersättliche Schlund der Flammen gierig in sich hinein, verschluckt es, um seine kläglichen Überreste in schwarzen Rußwolken auszustoßen, die sich als schmierige Patina über die Trümmer legen. Verkohlte Scheinwerfer hängen wie Briketts an der Decke, am Boden krümmt sich das Bühnenbild der Cosí-fan-tutte-Inszenierung, die Gari Bertini noch am Abend dirigierte. 1200 Grad Hitze bringen den 27 Meter hohen Bühnenturm zu Fall, der Eiserne Vorhang schmilzt und wölbt sich unter der mörderischen Hitze gen Zuschauerraum. Glück im Unglück: so konnte das Feuer wenigstens nicht auf das Parkett übergreifen.

Derweil irrt ein Mann durch Frankfurts Nacht, wirr, hungrig, orientierungslos. Zuerst schaut er dem Feuer noch zu, er will sehen, wie die Flammen funkeln, blitzen, knistern. Er beobachtet, wie alles auflodert, verglüht und abstirbt. Dann muß er weg. Weg in die dunkle Nacht. In wenigen Stunden nur wird er seinen Amoklauf beenden, dann wird er es nicht mehr aushalten mit den schreienden Flammen, die auch in ihm aufflackern. Aus einer Telefonzelle Seilerstraße/Klapperfeldstraße wird er die Polizei anrufen und einen einzigen lapidaren Satz sprechen: „Ich habe den Brand gelegt, weil ich mit der Welt fertig bin." Man wird ihn in ein zehnminütiges Gespräch verwickeln und zugreifen. „... weil ich mit der Welt fertig bin." Dieser Satz macht Michael Wortha über Nacht zu einer häßlichen, ungeliebten Berühmtheit.

Um 6.30 Uhr morgens verhaftet die Polizei den 26jährigen DDR-Aussiedler. Das Feuer ist noch längst nicht unter Kontrolle; bis in den Abend hinein lodern immer wieder einzelne Brandherde auf. Als Michael Wortha gefaßt wird, gesteht er sofort, gegen 2 Uhr nachts an der Westseite der Städtischen Bühnen ein Fenster aufgebrochen zu haben. „Ich suchte etwas zu essen", so Wortha. Weil er in der Oper nichts fand, zündete er seine Zeitung an (mit Streichhölzern aus Sri Lanka, weiß BILD nachher exklusiv).

Über ein Jahr später wird ihm ein Diplompsychologe in seiner Verhandlung eine „gestörte Persönlichkeit" nachweisen. Über ein Jahr später wird man ihm den Prozeß machen. Motiv: Frust. Dennoch: schuldfähig. Die Omnipräsenz des Feuers habe ihn aus der

Depression befreit, aus einer subjektiv ausweglosen Situation, so die Psychologen-Erklärung, die hilflos versucht, das in Worte zu fassen, was den Opernbrand so magisch, ja geradezu mystisch macht. Wortha weiß nicht, was er Frankfurt damit angetan hat. Er vernichtet nicht nur die Oper, er raubt Frankfurt die Seele seiner Kultur. Und er setzt mit seiner Tat ein Frankfurter Brandmal in die legendäre Geschichte der Opernbrände: eine Geschichte geprägt von fahrlässigen Zündeleien, Wahnsinn und barocker Pyromanie. Hier in Frankfurt war es nicht jene Unachtsamkeit im Umgang mit Kerzen, Fackeln oder Branntwein, die bereits im Barock genügte, um die Holzbühnen von Venedig, Sevilla, Paris oder London in Schutt und Asche zu legen. Worthas Tat ist mehr als das Höllenfeuer aus Mozarts Don Giovanni, sie ist mehr als der Weltenbrand am Ende von Wagners Götterdämmerung. Was aus pyromaner Verzweiflung geboren wurde, entpuppte sich als eine Tat aus der unversöhnlichen, unglückseligen Brüderschaft von Zufall und Wahnsinn. Worthas Tat ist das Ende: sie ist der Untergang der Oper, dargestellt auf der Opernbühne. Uraufführung und einzige Vorstellung: in einer trüben Novembernacht im Jahre 1989.

Ein fürstlicher Abgang
Die Schneider-Pleite in Frankfurt

Eva Zaher

Frankfurt – Innenstadt – Einkaufsmeile Zeil. Am oberen Ende hebt sich LesFacettes wohltuend von den übrigen Kaufhaus-Kästen ab. Die „Zeilgalerie" ist weltweit bekannt für ein völlig neues Verkaufskonzept, das selbst an US-Universitäten als vorbildlich gilt. Der Kunde flaniert in LesFacettes auf schrägen Ebenen bis ins sechste Stockwerk an Geschäften vorbei – das regt den Konsum an. Vor allem Frankfurter Jugendliche lieben die Zeilgalerie. Gebaut von Doktor Jürgen Schneider, der berühmt wurde für seine Bauten, für edle Nobelprojekte, umgeben von einem Hauch Luxus.

Bis heute schmunzelt jeder vorbeieilende Frankfurter schadenfroh – aber nicht über das Gebäude, nicht über den Bauherrn. Nein, Jürgen Schneider nötigt den Bürgern in der Finanzmetropole ein Grinsen ab, weil er die Praxis der Banken vorführte, weil er sie blamierte.

In der langen Bauzeit prangte vor der Zeilgalerie ein übermannshohes Schild, auf dem die Größe der Ladenfläche und die Anzahl der Geschäfte exakt angegeben war. Jeder Frankfurter Bürger pilgerte vorbei und wußte, wieviel Quadratmeter Ladenfläche vermietet werden sollten. Jeder Banker hätte auch ohne Brille die Angaben Jürgen Schneiders überprüfen können.

Die Türme der Deutschen Bank liegen am Eingang zum Bankenviertel in Frankfurt, gegenüber einem Park. Im Volksmund heißen diese beiden Hochhäuser „Soll" und „Haben". Sie ragen mächtig in den Himmel, künden von der Macht des deutschen Branchenprimus. Stimmte die Deutsche Bank einer Finanzierung eines Schneiderschen Objektes zu, dann zog die Konkurrenz mit und wollte teilhaben am großen Finanzierungskuchen.

Doch die Financiers der Deutschen Bank bauten auf Luftschlösser. Sie verließen sich auf das Renommee des Bauherrn und auf gefälschte Unterlagen mit Angaben über viel zu hohe Mietflächen und damit Mieteinnahmen. Ohne Prüfung, ohne Blick auf das Schild vor der Zeilgalerie, die nur fünf Minuten zu Fuß entfernt liegt, gewährte 1992 die Hypothekentochter der Deutschen Bank, die Deutsche Centralboden, Jürgen Schneider einen Kredit über 45 Millionen Mark. Der Baulöwe brauchte das überschüssige Geld, schließlich mußte an anderer Stelle ein älterer Kredit bedient werden.

Wiesbaden – Kureck-Hotel Rose. Der heute noch nicht fertiggestellte Bau ist umgeben von exquisiten Antiquitätengeschäften. Wiesbadens Prachtstraße, die Wilhelmstrasse mit ihren Edelboutiquen liegt gleich um die Ecke. Jürgen Schneider wollte den Bau zu etwas ganz besonders Edlem umbauen – es sollte ein mondänes Hotel werden. Für die Finanzierung fand er eine japanische Gruppe, die angeblich die horrende Miete zahlen wollte. In den verspiegelten Banktürmen fiel auch die Entscheidung für die Finanzierung der Leipziger Mädlerpassage wieder ohne Prüfung. Die Banker akzeptierten eine wertlose Garantie auf das Privathaus der Schneiders, das längst durch andere Kredite hoch belastet war.

Anfang der neunziger Jahre wurden die Banker langsam nervös. Die Deutsche Bank verweigerte Jürgen Schneider neue Kredite.

Villa Andrea in Königstein. Die Villa ist ein Schlößchen und thront auf einem Fels hoch über der Stadt im Taunus. Hier befand sich die Schaltzentrale des Baulöwen. Von hier aus herrschte er über 130 Tochtergesellschaften, zwischen denen er Millionen über Millionen hin- und herschleuste und immer wieder etwas in dunkle Kanäle versickern ließ.

Das Ehepaar umgab sich mit kostbaren Antiquitäten und protziger Einrichtung. Besucher aus den Banken zeigten sich beeindruckt, waren geblendet vom seriösen Wohlstand. Im Frühjahr 1994 brach das Finanzierungssystem von Jürgen Schneider endgültig zusammen. Das Ehepaar packte heimlich die Koffer. Und verschwand am 14. April 1994 spurlos. Zuvor hatte Jürgen Schneider an seinem Schreibtisch immer wieder Überweisungen in Millionenhöhe ausgefüllt. Insgesamt 245 Millionen Mark wurden über Umwege auf ein Schweizer Konto gebracht, das später aufgespürt werden sollte. In seinem pompös ausgestatteten Arbeitszimmer schrieb er ein paar Tage vor Ostern einen Brief an die Deutsche Bank. Er sei krank und müsse auf Anraten des Arztes Urlaub machen. Sein Ziel gebe er nicht bekannt. Außerdem sei er überschuldet. Gerichtsvollzieher – beauftragt von Lieferanten, Buchhaltern, Übersetzern – gaben sich in den kommenden Tagen in der Villa Andrea die Türklinke in die Hand. Gepfändet wurde alles, was nicht niet- und nagelfest war – die Standuhr aus dem 18. Jahrhundert, selbst der Kronleuchter aus Kristall. Die Handwerker, die für Jürgen Schneider die Edel-Bauten hochzogen, waren nicht so schlau. Sie reagierten erst, als die Villa Andrea kurz nach Ostern 1994 die größte Baupleite Deutschlands bekanntgab. Die listigen Schneiderleins hatten sechs Milliarden Mark Schulden hinterlassen.

Wiesbaden – Baustelle Hotel „Rose". Handwerker fahren mit Lieferwagen vor und packen ein – Leitern, Sandsäcke, Steine, Träger. Sie wollen retten, was zu retten ist – zumindest von dem Material und Handwerkszeug, denn Jürgen Schneider hat sie nicht bezahlt. Hunderte von Betrieben bangten um ihre Existenz.

Frankfurt – ein Saal im Soll-Turm der Deutschen Bank – Pressekonferenz. Hier spricht Hilmar Kopper, Chef der Deutschen Bank, sein legendäres Wort „Peanuts" und meint damit fünfzig Millionen Mark an offenen Handwerkerrechnungen. Der Deutschen Bank hinterließ Jürgen Schneider offene Kredite von einer halben Milliarde Mark. Doch sie zahlt die Handwerker aus. Die fünfzig anderen Banken drücken sich, obwohl sie die Nobel-Immobilien einsackten und viele inzwischen kreditdeckend verkauften.

Jürgen und Claudia Schneider waren untergetaucht. Eine fieberhafte Suche beginnt. Sie werden in Lateinamerika und im Iran vermutet. Helfershelfer des Ehepaares führen die Fahnder im Mai 1995 nach Miami im US-Bundesstaat Florida. Nach Frankfurt wird das listige Ehepaar aber erst nach langem Tauziehen mit US-Behörden ein Jahr später zurückkehren.

Frankfurt – untere Zeil – Landgericht. Für die Plätze im Gerichtssaal werden Eintrittskarten ausgegeben, als der Prozeß gegen Jürgen Schneider im Herbst 1997 eröffnet wird. Nach 41 Verhandlungstagen wird Jürgen Schneider am 23. Dezember für schuldig gesprochen in fünf Fällen des schweren Betruges, des Kreditbetruges und der Urkundenfälschung. Das Urteil lautet auf sechs Jahre und neun Monate Haft. Richter Heinrich Gehrke geißelt in der Urteilsbegründung das grob fahrlässige Verhalten der Banken, das es Schneider erst möglich gemacht habe, einen Kreditberg in Milliardenhöhe anzuhäufen. Er habe das „messerscharf erkannt und gnadenlos ausgenutzt." Schneider sei eitel und geltungssüchtig mit seinem Motto „Teuer kaufen, teuer sanieren und teuer vermieten". Sein „Imperium der Hoffnung" sei eher eines der Hoffnungslosigkeit gewesen. Nicht ganz hoffnungslos schweift der Blick Jürgen Schneiders heute aus seiner vergitterten kleinen Zelle in Frankfurt-Preungesheim. Tagsüber kann er sie als Freigänger verlassen und sie vielleicht schon im Sommer 1999 eintauschen gegen das Appartement seiner Frau Claudia in Kronberg. Der Nobelvorort Frankfurts liegt nur einen Katzensprung entfernt von der Villa Andrea in Königstein.

Leichenschändung
Was dem Bischof von Fulda widerfuhr
Henning Boetius

11. April 1974 zwischen vier und fünf Uhr morgens. Ein junger Mann nähert sich der Michaeliskirche in Fulda und schlägt eines der romanischen Fenster ein. Über einen Steinsockel stemmt er sich hoch und kriecht durch die nur dreißig mal fünfzig Zentimeter große Öffnung. Nur weil er schmal ist wie ein Kind, gelingt ihm dies. Drinnen wird die kühlfeuchte Dunkelheit schwach vom ewigen Licht erhellt. Der Schatten des jungen Mannes tanzt ihm nach, als wolle er ihn hämisch verspotten. Er greift nach der ewigen Lampe und stellt sie mit zitternden Händen auf den Rand des offenen Sarges, in dem eine bedeutende Leiche liegt. Die Lampe fällt um, das ewige Licht erlischt. Panik ergreift den Eindringling. Er glaubt, die Hände des toten Bischofs um seinen Hals zu spüren. Mit letzter Willenskraft gelingt es ihm, ein Streichholz anzureißen und eine der Altarkerzen zu entzünden. Er legt sie schräg in den Sarg und nimmt dem Toten die Mitra ab, als wolle er ihm damit die Macht und Würde seines Amtes nehmen. Später findet man Wachstropfen auf dem Ornat. Im jungen Mann brennt jedoch noch eine andere Flamme. Wie die Kerzenflamme ist sie zweigeteilt: unten blau vor Angst, oben rötlich vor Verachtung und Haß. Plötzlich hat er ein Messer in der Hand. Er schiebt das Kleid des Bischofs hoch und schneidet in den Stoff der Hose. Kastrationsphantasien. Das Glied des heiligen Mannes will er sehen. Er zögert, wird sich für Momente des absurd Frevelhaften und archaisch Lächerlichen seines Tuns bewußt, packt die brennende Kerze und den Bischofsstab, schiebt einen Betstuhl unter das Fenster und flieht hinaus. Die Morgenkühle beruhigt ihn, und er begibt sich nun auf eine seltsame, einsame Prozession durch die Stadt, in der einen Hand den Krummstab vor sich haltend, in der anderen die erloschene Kerze. Leise singt er ein mittelalterliches Lied, das er bereits tags zuvor mit Freunden intoniert hatte, als sie sich mit zahlreichen Gläubigen vor dem aufgebahrten Leichnam eingefunden hatten: „Es gibt kein Händeringen, wir müssen alle von hinnen, dann kommt der Tod gefahren, auf einem schwarzen Wagen, der Tod, der macht uns alle gleich, das Schwen, den Bisch, ob arm, ob reich". Er wirft die Kerze in die Fulda und geht nach Hause zu seiner Freundin, die im sechsten Monat schwanger von ihm ist, beichtet ihr die Tat. „Bring das in Ordnung", sagt sie und schickt ihn

fort. Er wickelt den zerlegten Krummstab in eine Plastiktüte und vergräbt ihn während der Bestattungsprozession auf dem Weg zum Kalvarienberg. Inzwischen ist die Freveltat ruchbar geworden. Ein bundesweiter Schrei der Empörung, sein Echo hallt über die Alpen vom Vatikan herüber. Der Teufel hat sich reinkarniert im schmalbrüstigen Wegehenkel, den die Polizei bereits verhaftet hat. Die Fingerabdrücke auf der ewigen Lampe haben ihn überführt. Denn der Täter hatte bereits drei Jahre zuvor einen Leuchter aus der Kirche entwendet und dafür eine längere Jugendstrafe erhalten.

Was ist eigentlich damals wirklich geschehen? Als der Verwirrte das Fenster einschlug, öffnete sich in Fulda ein winziger Spalt im Raum-Zeit-Kontinuum unserer vierdimensionalen Welt und bildete eine Art Zeittunnel, durch den Mittelalter und Gegenwart in unmittelbaren Kontakt miteinander traten. Um diese seltene und erstaunliche Konstellation möglich zu machen, mußten bestimmte Voraussetzungen bestehen. Dazu gehörte zum einen der Ort des Geschehens, die tausendjährige Michaeliskirche oberhalb des Domplatzes zu Fulda, das wohl schönste Bauwerk der Stadt. Man kann sich in ihr tatsächlich wie in einem Raumschiff oder einer Zeitmaschine fühlen, mit der jene tausend Jahre in die Vergangenheit spielend zurückzulegen sind. Weiter gehört ein bestimmtes Personal dazu: zunächst der am Freitag der Vorwoche im Alter von 72 Jahren am Herzinfarkt verstorbene Diözesanbischof Doktor Adolf Bolte, ein Mann des Dialogs und Ausgleichs, wie es im ganzseitigen Bericht der Fuldaer Zeitung heißt – eine Apostrophierung, die auf den heutigen Amtsinhaber so wenig zutrifft, daß man darin schon fast ein Bonmot vermuten könnte – weiter der 21jährige Wirrkopf und „freischaffende Maler", wie selbige Zeitung ironisch schreiben wird, Jürgen Wegehenkel, und schließlich der im konservativen Klima verwurzelte Bevölkerungsanteil samt den zu ihm passenden Journalisten. Nein, Wilhelm Busch war hier nicht der Namengeber, Hochhuth nicht der Dramatiker des Geschehens, das durch das Zerschlagen einer Scheibe jenem Zeitstrom das Bett bahnte, der für einige Tage oder Wochen Mittelalter und Neuzeit wie kommunizierende Gefäße durch die so entstandene Öffnung hindurch auf den gleichen Füllungsstand brachte.

Die ideologischen Scheiterhaufen loderten bis in die Balkenüberschriften der Bildzeitung hinauf. Sie waren der beißende Rauch, der sich über den Flammen kräuselte. Die schändlichen und scheußlichen Wörter 'schändlich' und 'scheußlich' erwiesen sich dabei noch als die Formulierungen mit dem geringsten Brennwert.

Wegehenkel der Antichrist. Bis in den Vatikan hinein war zu spüren, daß die unglaubliche Tat des Kindskopfes Kräfte der Gegenreformation mobilisierte, Kreuzzugsgedanken aufflackern ließ. Häresie, dieses böse Wort, bekam plötzlich wieder jenen roten, phallischen Teufelsglanz, mit dem es einst als Allheilmittel gegen die physische Existenz unliebsamer Gegner des Systems verwendet wurde, von Huß bis Heute. Der leibhaftige Gott-sei-bei-uns hatte in jenen Apriltagen eine Sternstunde, und die wurde von dem Doppelstern Verlogenheit und Inbrunst dominiert. Ist es da nicht mehr als ein Zufall, daß bereits in der Samstagsausgabe der Fuldaer Zeitung vom 6. April im unteren Teil der Boltes Ableben gewidmeten Seite in großen Lettern zu lesen ist: „Aufgepaßt – zugefaßt". Daß es hierbei nicht um den Täter Wegehenkel geht, sondern um eine „repräsentative Eiche-Anbauwand für nur 2900,–", ist unwesentlich. Optisch jedenfalls ist diese das größere Verbrechen.

Fragen wir zum Schluß: Warum nur hat der leichenschänderische Kerl so etwas Lächerlich-Triviales getan? Ich glaube, die Antwort ist einfach. Er lebte in Schande, sein Kind wuchs im Bauch der Geliebten wie eine Frucht, der kein Segen zuteil werden würde. Er war fromm auf seine pubertäre Art. Und so wurde er nur ein weiteres armseliges Opfer jener gigantischen sexuellen Bevormundung seitens einer Institution, die Sexualität wertet ohne sie auszuüben, jedenfalls offiziell. Das Wort Liebe bekommt aus dem Munde der Kirche durch diesen Widerspruch unweigerlich einen Beigeschmack, der zarte Seelen in schmächtigen Körpern mindestens mit Verwirrtheit versorgt. Und die wiederum kann derlei albern-symbolische Taten zur Folge haben. Man lehnt sich auf gegen den Bischofsstab, diesen Rohrstock der Moral, und versucht, jenem Widerspruch auf den Grund zu gehen, der in der phallischen Analogie von Leib und Geist besteht. Nein. Es war nicht satanisch, was dieser Wegehenkel getan hatte. Er war auch nicht betrunken gewesen, und die sofort vermutete mangelnde Zurechnungsfähigkeit war es auch nicht. „Er liebte Jesus sehr", hatte eine Zeugin ausgesagt und wahrscheinlich damit den Nagel auf den Kopf getroffen. Jene Schändung war der Zerrspiegel einer erotischen Affinität zum Gottessohn, war die Folge einer schüchtern-hilflosen, fromm-verkorksten Liebe, die unter der Omnipotenz des Vaters und der ihn vertretenden frommen Obrigkeit bis in den Hormonhaushalt hinein zu leiden vermag.

Frauenkoller
Tödliche Schlägerei bei Gersfeld
Christa Hein

Es ist der Beginn der Adventszeit, ein Montag im späten November des Jahres 1972. Zwei Männer machen sich abends auf in den Wald des Großgrundbesitzers, dem seit Jahrhunderten der Forst und die meisten Ländereien der Umgebung gehören. Es ist bereits zwanzig Uhr vorbei, als sie die Rendelmühle verlassen, die B 279 queren, und bald liegt der einsame Waldweg zur großen Nalle vor ihnen. Es ist stockfinster, das ist ihnen recht, denn sie wollen nicht gesehen werden. Nur der Schnee am Boden und das Licht der Sterne erhellen ihnen den Weg, doch sie kennen sich genau aus in dieser Gegend.

Auf Vorschlag des Älteren sind sie losgezogen, einen Christbaum zu „organisieren". Irgendwo droben auf der Nalle, in der Nähe des Basaltwerks gäbe es schöne Bäume. Den Christbaumständer hat der Rudi gleich mitgenommen. Der Rudi, 38 Jahre alt, Arbeiter im Sägewerk und der größere von beiden. Der kleinere der Reinhold, 23 Jahre alt und Metzgerei-Hilfsarbeiter. Sie kennen sich seit jeher, kennen ihre Familien. Es ist noch gar nicht lange her, da ist die Mutter vom Reinhold gestorben, die dicke Else, die ihre kinderreiche Familie zusammengehalten hat. Und dann gibt es da noch eine Frau, die dreiundzwanzigjährige Sieglinde. Es ist die Frau vom Rudi, die Sieglinde, und zugleich die ehemalige Schulfreundin vom Reinhold. Alle drei leben inzwischen im selben Haus am Stadtrand. Der Reinhold als Junggeselle in einem Einzelzimmer neben der Wohnung der beiden Eheleute. Die Ermittlungsverfahren, die gegen ihn laufen wegen Unzucht mit Kindern und Willenlosen sowie wegen Sodomie, sind kein Thema. Aber daß der Reinhold ein Verhältnis hat mit der Sieglinde, das paßt dem Rudi nicht. Er weiß es vielleicht nicht genau, aber er hat es geahnt, denn als der Junge krank geschrieben wird, nimmt er eigens Urlaub, um zu verhindern, daß die beiden allein in dem Haus bleiben. Aus diesem Grund wohl kam es am Abend zuvor, am Sonntagabend, in der Küche des Paares zu einer Schlägerei zwischen den beiden Männern, bei der der Reinhold dem viel größeren Rudi das Nasenbein zertrümmerte. Doch da sie sich eigentlich trotz allem gut waren, hatten sie sich bald wieder vertragen. Und so machten sie sich am Montagabend gemeinsam auf in den Wald, einen Christbaum zu stehlen.

Die Tannen auf der Nalle stehen dunkel und gerade am Weg, in der Ferne das Wasser der Fischteiche, nicht weit von ihnen die dunklen Basaltsäulen des Steinbruchs. Da plötzlich schlägt die Stimmung um – kaum, daß sie sich versehen, gehen die Männer wieder mit Fäusten aufeinander los, bald schlägt der Reinhold mit einem Holzknüppel auf den Rudi ein. Der, obwohl so viel größer, wehrt sich nicht, macht auch gar keinen Versuch, davonzulaufen. Irgendwann geht er zu Boden, wird bewußtlos, merkt nicht mehr, daß der Reinhold noch immer auf ihn einschlägt. Schließlich hält der inne, kniet neben dem Opfer nieder und legt das Ohr auf dessen Brust. Nichts. Er schleift die Leiche in einen Graben neben dem Bahndamm. Dann geht er schnurstracks zu seiner Geliebten nach Hause und erzählt ihr „Da oben liegt der Rudi – sein Herz schlägt nicht mehr". Sieglinde bespricht die Lage mit Reinhold. Gemeinsam entscheiden sie, daß es unschicklich sei, jetzt gleich zu heiraten. Besser, man wartet noch ein paar Monate damit. Also geht der Reinhold in sein Zimmer, um sich von den Blutspuren zu reinigen.

Am nächsten Morgen, am Dienstag, macht ein Arbeiter auf dem Weg zum Basaltwerk einen grausigen Fund: In einem Graben zwischen Weg und Bahngleisen liegt die bestialisch zugerichtete Leiche eines Mannes. Im Schnee auf dem Weg sind Schleifspuren zu sehen, neben einem Holzstoß eine Blutlache, an dem Holzstoß lehnt ein blutbespritzter Knüppel, auf einem anderen ein ein Meter langes Rundholz von 7,5 Zentimetern, ebenfalls blutverschmiert. Fußspuren mit Blutspritzern führen zurück zur Bundesstraße 279.

Es dauert nicht lange, bis das Opfer identifiziert ist. Dem örtlichen Polizisten fällt es auch nicht schwer, einen Verdächtigen zu nennen. Gerade auf dem Weg zurück von seiner Massagebehandlung, für die er ja krank geschrieben worden war, legt der Reinhold unter dem Druck der Beweislast ein Geständnis ab. Seine Stiefelabdrücke sind identisch mit denen am Tatort und an den Händen hat er typische Abwehrverletzungen. In seiner Wohnung findet man die blutdurchtränkten Kleidungsstücke und auf ihnen die blutverschmierte Zigarettenpackung des Opfers, die er sich groteskerweise angeeignet hat.

Der Reinhold ist nicht nur Analphabet, sondern auch durch einen schweren Sprachfehler behindert, also kaum in der Lage, im Verhör Rede und Antwort zu stehen. Auch scheint er sich der Tragweite seiner Tat nicht bewußt zu sein, denn er bittet den Staatsanwalt bei der Vernehmung stotternd, die Witwe seines Opfers bald heiraten zu dürfen.

Als man erfährt, daß diese mit dem Reinhold unmittelbar vor der Tat Heiratspläne geschmiedet hat, wird auch sie verhaftet. Im Laufe des Verhörs wird klar, daß sie den Reinhold bereits vor längerer Zeit aufgefordert hatte: „Schaff mir den Rudi weg". Als der Reinhold darauf zur Antwort gab „Das geht aber nur, wenn ich ihn umbringe", hatte sie genickt.

Was der Christbaumständer bei dieser Unternehmung zu suchen hatte, das würde sich nicht mehr klären lassen. Man fand ihn, zerborsten, nicht weit vom Tatort. Aber daß der Reinhold eigentlich ein guter Mensch ist, das bestätigen noch heute Leute, die ihn damals gekannt haben. Und er war so viel sauberer und adretter als der Rudi. Er kam zum Heu machen und half.

Die Obduktion ergab, daß sich kein Quadratzentimeter unverletzter Haut auf dem Schädel des Opfers befand. Das rechte Ohr war abgerissen, die Knochenhaut des Schädels war ebenfalls durchtrennt, die Gesichtspartien bis zur Unkenntlichkeit zertrümmert. Mehrere Rippen waren gebrochen und steckten in der Lunge, und die Nieren wiesen schwere Verletzungen auf. Als Todesursache mußte man die massiven Blutungen im Gehirn annehmen.

Zehn Jahre Zuchthaus für Reinhold und ein paar Jahre in Preungesheim für die Geliebte und Ehefrau wegen Anstiftung – die Familien der beiden zogen nach der Tat fort, das Haus Rendelmühle steht nicht mehr wegen der Straßenverbreiterung, das Basaltwerk ist geschlossen. Aber immer noch erinnert man sich an diesen Fall, denn es kommen nicht viele Menschen gewaltsam ums Leben in dieser Gegend. Auch wenn die Versionen, wie die Tat ausgeführt wurde, ein Eigenleben zu führen beginnt: es war mit der Axt ... dem Christbaumständer ... dem Holzknüppel ... Über eines ist man sich einig: Dem Reinhold hätte man so etwas nicht zugetraut – er hatte halt den Frauenkoller.

Masken, Branntwein und Pistolen
Der Postraub in der Subach bei Gladenbach
Cornelia Dörr

Daß der Volker Schlöndorff seinen Film im Odenwald – bei Schäftlarn – gedreht hat und die Posträuber alles andere, nur kein *Platt* schwätzen, wird ihm hier so schnell keiner verzeihen. Da ist man im oberhessischen Hinterland eigen. Ansonsten haben sich die Betroffenen freilich irgendwie schon geschmeichelt gefühlt. Weniger die von Kombach. Aber die von Lohra, in deren Gemarkung *die* Subach fällt, in der es passiert ist. Und die von Mornshausen bei Gladenbach, wo das „Geldkärrnchen" vorher durchgekommen ist. Von hier an kann man dem Tatgeschehen am besten nachgehen. Bergab von der Hauptstraße ins freie Feld. Über die (längst stillgelegten) Eisenbahnschienen und am Aussiedlerhof vorbei. Jetzt eigentlich nur noch strackaus, heißt es freundlich. Immer schön auf dem Asphaltweg halten, bis er aufhört. Da wär's dann schon.

Damals, eine Woche vor Pfingsten, in der Nacht vom 18. auf den 19. Mai 1822, sind sie an die zwanzig Kilometer gelaufen. Abends um zehn Uhr losgegangen und morgens gegen zwei in der Subach angekommen. Dann haben sie *Brantwein* getrunken und erstmal gelungert. Insgesamt acht. Alles armselige Gestalten, die daheim kaum was zu beißen hatten: Bauern, Tagelöhner und Hausierer wie der David von Dexbach, der sich später nach Amerika abgesetzt hat.

Bis zum etwa 1,5 km entfernt gelegenen Ort des Verbrechens, zähle ich nicht weniger als fünf kunstvoll zusammengezimmerte Hochsitze. Das den Hessen-Darmstädtern zugeschlagene, von Kurhessen, Preußen und Nassau umzingelte Hinterland ist schon immer ein beliebtes Jagdrevier gewesen. Vor allem dem Großherzog hat dieser waldreiche Zipfel seiner Herrschaft zwischen dem Lahnknie bei Gießen und Battenberg an der oberen Eder sehr am Herzen gelegen. Forstfrevel und Wilderei war alles andere als ein Kavaliersdelikt. Wer sich an einem fürstlichen Hirsch vergreift, kann auch noch anders. Nicht von ungefähr ist die Rasterfahndung damals den Posträubern auf die Schliche gekommen, vor allem dem plötzlichen Reichtum des Hans Jacob Geiz und seiner beiden Söhne aus Kombach. Gehört heute zu Biedenkopf. Da sei das Land von jeher ganz schlecht gewesen, heißt es. Lauter Fels im Boden.

Da wo der Asphaltweg endet, fängt der Wald an. Es ist ein *herrlicher Tag, die Sonne steht hoch und verkündet den Mittag.* Rechts lockt das *Wiesengründchen* mit dem *kleinen da fließenden Bache.* Das schwer bepackte *Geldkärrnchen* hat an Weidekätzchen und Schlüsselblumen vorbei geradeaus in das schattige Dunkel einfahren müssen. Immer tapfer auf den *gefürchtetsten Hohlweg* der Poststrecke nach Gießen zu, wie es der Criminalgerichtssekretär Carl Franz nachher so schön ausgemalt hat: Steil, eng und von *ungeheuren Seitenwänden* mit dichtem Gestrüpp umgeben, liegt er auch noch genau auf der alten *churhessischen Gränze.* Bei Lohra. Die *Inquisiten* werden später beteuern, sie hätten sich was dabei gedacht. Daß nämlich so der Kurfürst für den Schaden aufkommen müsse. Nicht die Hiesigen. Und ihnen *wäre auf immer geholfen.*

Schweres Forstfahrzeug hat den matschigen Boden aufgerissen. Der 350 m lange Weg führt von 260 m Meereshöhe auf 310 m hinauf, und die Seitenwände sind noch immer beachtlich. Ganz oben erwartet den Wanderer eine Kreuzung mit Grillplatz. Hier heißt es nach den 'Sieben Wegen', die in die Dörfer des Umlands abgehen. Kürzlich ist noch ein achter dazugekommen, der ausgerechnet von der Post wegen der Fernleitungen angelegt worden ist. Kurios. Verläuft direkt über dem Tatort und ist mit lauter Markierungen versehen, auf denen DB eingemeißelt ist. Von da aus hat man einen schönen Blick auf den Hinterhalt, in dem sie gelauert haben. Eine tiefe Mulde neben der eigentlichen *Subachhohl,* vorzüglich geeignet, um nicht gesehen zu werden. Besser konnten sie es kaum treffen.

Trotzdem hat es gedauert. Sechs Anläufe haben sie ab Weihnachten 1821 genommen. Drei bei Eifa (nahe Biedenkopf), einen im Krofdorfer Forst (nahe Gießen) und drei in der Subach. Meistens sind ihnen zu viele bewaffnete Gendarmen beim *Kärrnchen.* Dann kriegt man zu hören, daß es gar nicht erst kommt. Daß es kein Geld geladen hat. Einmal haben sie sich doch wahrhaftig im Nebel verfehlt. Hernach liegt plötzlich Schnee. Der siebte Versuch fällt auf einen Sonntag und verläuft erstaunlich glatt.

Vom *Brantwein* gestärkt, ziehen sie bei Tagesanbruch ihre Masken vors Gesicht. Warten gespannt bis das *Geldkärrnchen beinahe den Gipfel des Berges* erreicht hat und stürzen sich mit gezückten Pistolen den Hang hinunter. *Postillion Müller* und *Landschütze Hamann* leisten nur geringen Widerstand, werden geknebelt und ge-

bunden und in den Wald geführt. Bei dem ersten Versuch, den Dek-
kel des Geldkastens zu zerschlagen, zerbricht die Axt des David von
Dexbach. So haut der Heinrich Geiz zu. Nimmt das Geld, das in *Tü-
chern und Beuteln bepackt* ist, heraus und tut es in die mitgenomme-
nen *Büchsenranzen*. Was zuviel zum Schleppen ist, wird einstweilen
in einem hohlen Baum versteckt. Pakete und Briefe lassen sie liegen.
Dann geht es schleunigst nach Kombach zurück, wo noch in der
Nacht geteilt wird. 800 Gulden für jeden. Das sind damals zehn Jahre Tagelohn. Sie verstecken es hinter Bretterverschlägen und vergra-
ben es in verschiedenen Äckern und Gärten.

Den Aussagen des Postillions und des Landschützen läßt sich ent-
nehmen, daß die Räuber Einheimische gewesen sein müssen. Wegen *dem* Platt. Dennoch irrt die Justiz zunächst hilflos umher. Erst
als ein Kopfgeld von 500 Gulden ausgesetzt wird, häufen sich die
sachdienlichen Hinweise. Das Hofgericht in Gießen nimmt sich der
Verfolgung an. Der tüchtige Herr Criminalrichter Danz aktiviert
sein Spitzelnetz im Hinterland. Vor allem auf die ortsbekannten
Wilddiebe und allzu plötzlichen Reichtum sollen sie ein Auge haben. So führen die Spuren schnell nach Kombach. Rechtmäßig kann
keiner von da zu Geld gekommen sein. Schon gar nicht nach den
letzten Hungerjahren. Die Indizienkette wird immer dichter.

Anfang September 1822 zieht Danz die Schlinge zu: Die ersten, die
abgeführt werden, sind die Geizens, bei denen man die Pistolen mit
den gelben Ringen findet, von denen der Postillion erzählt hat. Außerdem haben sich die Nachbarn gewundert, daß die so mir nichts,
dir nichts Hochzeit gefeiert, Steuern bezahlt und Ackerwagen gekauft haben. Dann fliegen nach und nach auch die anderen auf.

Neun Monate lang nimmt man sie im Gießener Kriminalgefängnis
in der Sandgasse immer wieder ins *Specialverhör*. Jost Wege von
Wolfsgruben gelingt im April 1823 die Flucht. Am 7. Juni 1823
bricht Ludwig Acker zusammen und legt ein Geständnis ab. Der
Landschütze Volk von Königsberg, den sie als Informanten gewon-
nen hatten, erschießt sich in der Kaserne am Seltersweg (da wo heute der 'Ulenspiegel' ist). Kurz danach erdrosselt sich Johannes Sol-
dan. Jetzt ist auch den restlichen fünf *Inquisiten*, sämtlich von Kombach, nicht mehr zu helfen.

Am 25. März 1824 erkennt das Hofgericht in Gießen wegen Straßenraubs auf die Todesstrafe durch das Schwert. Das nach Darmstadt abgesandte Gnadengesuch bleibt ohne Erfolg. (In Kurhessen wären sie mit dem Leben davongekommen.) Mit landesherrlicher Genehmigung wird das Urteil am 7. Oktober 1824 in Gießen vollstreckt. Diesen Rest der Geschichte hat der Franz, den der Volker Schlöndorff nachher verfilmt hat, pflichtschuldigst mit besonderer Sorgfalt ausgeschmückt. Wir werden ihm wohl oder übel glauben müssen.

Die Obrigkeit statuiert auf dem Marktplatz ein schauriges Exempel. Schlag neun in der Frühe führt man die fünf Delinquenten zum Richtertisch. Verliest für jeden das Todesurteil, bricht ihren Stab, der daneben liegt, in zwei Stücke und wirft sie ihnen zu Füßen. Dann geleitet sie eine große Menschenmasse zum Richtplatz. (Der muß sich in der Nähe des Neuen Friedhofs, etwa auf Höhe der Gaststätte 'Karlsruh', befunden haben.) Keine besonderen Vorkommnisse auf dem Blutgerüst. Der Scharfrichter waltet gewissenhaft seines Amtes, ohne beim mehrfachen Hauptabschlagen auch nur einmal mit der Hand zu zucken. Als letzten trifft es den alten Wilddieb und Räuber Hans Jacob Geiz. Vorher hat er seine beiden Söhne sterben sehen.

Stätte von Heimtücke und Rache
Der Siegfriedbrunnen in Grasellenbach
von Ursula May

Es gibt im Odenwald mindestens sieben Orte, die Anspruch darauf erheben, daß ausgerechnet dort der finstere Hagen den edlen Siegfried heimtückisch erstochen habe. Den größten Rummel um den Mord in mythischen Zeiten macht zweifelsohne die Gemeinde Grasellenbach. Im „grünen Herz" im Odenwald heißen die Hotels Siegfriedbrunnen oder Gasthof Hagen – auf Wunsch wird Schonkost serviert –, es gibt ein Nibelungencafe, eine Pension Kriemhildsruhe, die Burgunderstuben. Die Kuranlagen befinden sich in der Nibelungenhalle, und im ganzen Ort fallen Schilder auf, die den Weg weisen zur „sagenumwobenen Siegfriedquelle". Ein wenig Mühe allerdings muß der Wanderer auf sich nehmen: ein gemächlicher Weg führt in etwa 40 Minuten durch den Wald hinauf, sehr sportliche Naturen können über einen ziemlich steilen Pfad aber auch schon in 25 Minuten das Ziel erreichen. Ein grimmig dreinblickender Hagen weist uns den Weg in den dunklen Fichtenwald und regt die Phantasie an.

Meine Mutter war felsenfest davon überzeugt, daß Gunter der eigentlich Verantwortliche für dieses Verbrechen im Odenwald war. Denn Gunter, der Nibelungenkönig, war ein Schwächling, der seine Frau, die stolze Brunhilde nicht bändigen konnte, pflegte meine Mutter uns maulenden Kindern während unzähliger Sonntagsspaziergänge zu erzählen. Und weil Gunter sich nicht zu helfen wußte, rief er den strahlenden Siegfried zur Hilfe, der nicht nur stark, sondern auch im Besitz einer Tarnkappe war. Durch Zauberkraft unsichtbar gemacht, besiegte er für seinen König die stolze Frau. Daß das unfair war, fiel uns damals schon auf. Was eine Vergewaltigung ist, konnten wir uns noch nicht vorstellen. Wir hätten wahrscheinlich weit weniger Sympathien für den blondgelockten Supermann unserer Phantasie gehabt.

Wir sollten zwar lernen, Dinge von zwei Seiten zu sehen, daß der finstere Hagen eben nicht nur böse war, sondern aus durchaus nachvollziehbaren Motiven gehandelt hatte. Schließlich wollte er die arme Brunhilde rächen, die unter falschen Voraussetzungen geheiratet worden war. Dennoch litten wir auf jedem Spaziergang im Odenwald mit Siegfried, malten uns immer wieder neu die Gemeinheit aus, die während eines Ausritts der Jagdgesellschaft der Nibelungen passiert war. Es war ein geplanter Mord: Hagen hatte Siegfrieds Frau

Kriemhild gebeten, die einzige Stelle zu kennzeichnen, an der der Held verwundbar war. Kriemhild stickte ein Kreuz auf Siegfrieds Hemd, irregeleitet von dem heuchlerischen Versprechen, Hagen würde ihren Mann so umso besser beschützen.

Siegfried hatte, nachdem er den Drachen erschlagen hatte, in dessen Blut gebadet – und galt seitdem als unverwundbar – bis auf eine winzige Stelle an der Schulter, auf die ein Lindenblatt gesegelt war. Wir gingen nicht so gerne mit unseren Eltern im Wald spazieren, aber die Aussicht, den Siegfriedbrunnen besuchen zu können, beflügelte unsere Phantasie. Schließlich, so erklärte meine Mutter, war Siegfried eine Sagengestalt – und so konnte praktisch jeder Brunnen, jede Quelle zu der Stätte erklärt werden, an der der düstere Hagen dem unschuldigen Recken den Speer ins Kreuz gejagt hatte. Wir fanden auf jedem Sonntagsspaziergang einen Tatort.

Auch wenn wir den Kinderschuhen längst entwachsen sind, können wir uns vorstellen, daß der edle Ritter hier oben in der Nähe von Grasellenbach niederkniete, er muß durstig gewesen sein nach der Jagd, so wie wir nach der Wanderung. Der Schauplatz der Ermordung Siegfrieds ist überaus besucherfreundlich gestaltet, mit Steinplatten befestigt, so daß wir uns nicht schmutzig machen müssen.

1851 hatte der Darmstädter Gelehrte Dr. Knapp das Nibelungenlied gründlich studiert und die Beschreibungen der Landschaft im Text so interpretiert, daß der Originalschauplatz genau hier auf dem Spessartkopf gewesen sein muß. Jedenfalls, so führte besagter Dr. Knapp damals aus, müsse zwar nicht Siegfried höchstpersönlich, wohl aber der Verfasser des Nibelungenliedes genau diesen Ort vor Augen gehabt haben. Und so ganz unwahrscheinlich klingt das nicht. Dr. Knapp jedenfalls ließ das gotische Steinkreuz errichten, auf dem wir folgende Verse in mittelalterlicher Schreibweise nachlesen können:

„Als der edle Siegfried aus dem Brunnen trank
er schoß ihn durch das Kreuze
daß aus der Wunde sprang
das Blut aus seinem Herzen an Hagens Gewand –
kein Held begeht wohl wieder solche Untat nach der Hand."
Die Übersetzung können wir an einer Tafel nachlesen. Und auch

heute noch läßt einen die Beschreibung dieses Mordes nicht unberührt. Rund um die Quelle hat die Gemeinde Bänke aufgebaut, ein Stückchen weiter auch Hütten, in denen wir ausruhen und uns, in Erinnerung an das Verbrechen, gruseln können. Unheimlich wirken die dunklen Fichten rund um den Tatort – aber historisch ist diese Bepflanzung nicht. Die riesigen Eichen, die dem Herrn Dr. Knapp im Jahre 1851 noch aufgefallen waren, fielen der Industrialisierung zum Opfer, man pflanzte schneller wachsendes Nadelholz an – wahrscheinlich die Ursache dafür, daß die Quelle versiegte.

Was macht ein Ort, der als Nibelungendorf Besucher anlocken will, in solch einer Situation? Man sieht es der Quelle nicht an – aber sie wird von einer ganz banalen Wasserleitung gespeist. Dabei ist die Gemeinde bei der Vermarktung ihrer sagenumwobenen Quelle durchaus kostenbewußt: Eine Zeitschaltuhr regelt den Zulauf zum Grasellenbacher Siegfriedbrunnen – Wasser sprudelt täglich zwischen 6 Uhr morgens und 20 Uhr abends.

Der Raubmord am Silberberg
Das Franzosengrab bei Homberg/Efze

Horst Gunkel

Wohl mehr als zwanzig Millionen Menschen bewegen sich alljährlich auf der großen Nord-Süd-Autobahn, die den Stadtstaat Hamburg mit der Rhein-Main-Metropole Frankfurt verbindet. Am höchstgelegenen Punkt dieser Strecke liegt das bekannte „Rasthaus Rimberg" inmitten eines waldreichen Mittelgebirges. Seine Schönheit beeindruckt sogar viele der vorbeihastenden Autofahrer. Nur den Namen des Gebirges kennen die meisten nicht. Es ist der Knüll, der sich zwischen Alsfeld im Süden und Kassel im Norden erhebt. Eine nahezu unberührte Naturlandschaft, ein Geheimtip unter Naturfreunden und Erholungssuchenden. Friede und Geborgenheit strahlt sie aus. Und dennoch ist das Dunkel ihrer weitläufigen Wälder vor Zeiten zum Schauplatz eines Raubmordes geworden.

Man schrieb das Jahr 1762. In Sachsen und Böhmen standen sich preußische und österreichische Truppen im sechsten Kriegsjahr feindlich gegenüber. König Friedrich II. von Preußen hatte der Habsburgerin Maria Theresia ihr schlesisches Erbe geraubt und mußte jetzt um seine Beute kämpfen. Rußland und Frankreich standen auf Österreichs Seite, während England mit Preußen verbündet war. Aber keine der beiden Parteien konnte die andere dauerhaft niederringen, und so schleppte sich der Krieg dahin.

Der hessische Landgraf Wilhelm VIII. in Kassel hatte seit 1759 eigene Regimenter an den englischen König Georg II. vermietet. Der unterstellte sie Herzog Ferdinand von Braunschweig, der als preußischer Feldmarschall in Westfalen und in Hessen gegen die Franzosen operierte, um dem Preußenkönig die westliche Flanke zu decken. So wurde auch Hessen in die Ereignisse des Siebenjährigen Krieges hineingezogen.

Im April 1759 stießen die Feinde bei Bergen unweit Frankfurts zusammen. Die Schlacht ging für die Preußen verloren und das Hessenland wurde von französischen Truppen besetzt. Erst im Juni 1762 konnte ein englisch-preußisches Heer die Festung und Residenzstadt Kassel einnehmen und die Franzosen durch das Knüllgebirge und den Vogelsberg bis zur Mainlinie verfolgen.

Das waren aufregende Ereignisse, die unser abgelegenes Knüllgebirge um die Mitte des Jahres 1762 erschütterten. Der Pfarrer des Dorfes Waßmuthshausen im Rinnetal in der Nähe der Stadt Homberg berichtete anschaulich, wie die feindlichen Kriegsvölker laut schießend und schreiend durch die Ortschaft galoppierten. Die Engländer drangen schon in das Dorf ein, als die französische Nachhut noch die letzten Häuser besetzt hielt. Die Menschen taten gut daran, sich in Keller und Stall zu verbergen. Aber der kriegerische Spuk war nach wenigen Stunden vorüber und die ängstlichen Gemüter atmeten auf.

Einige Dorfbewohner wußten, daß man im Gefolge des Krieges gut Beute machen kann. Man mußte nur die Augen offenhalten und beherzt zupacken. Gelegentlich war ein reiterloses Kriegspferd einzufangen oder ein weggeworfenes Gepäckstück einzusammeln. Es war ja Krieg und es wäre fast eine Sünde gewesen, eine gute Chance nicht zu nützen. Selbst vor den Habseligkeiten eines toten Soldaten schreckte man nicht zurück, vor allem dann nicht, wenn man sich unbeobachtet fühlte.

Es waren zwei oder drei Tage seit dem erwähnten Scharmützel im Dorf Waßmuthshausen vergangen, als einige Bauern aus dem Rinnetal oben am Waldrand des Almuthsberges nach Beute Ausschau hielten. Einer erkannte die gebückte Gestalt zuerst, dann sahen sie es alle: Von Homberg her bewegte sich ein Mensch auf den Rinnebach zu und überquerte ihn dann, um sich im Wald des Almuthsberges wieder schnellstmöglich zu verbergen. Es war wohl ein versprengter Soldat, ein Franzos. Er ging irgendwie gebückt, vielleicht war er verwundet. Dann sahen sie, daß er etwas Schweres mit sich trug. Wer schleppte schon eine schwere Last, wenn sie nicht wertvoll ist?

Jetzt hieß es, klug und zugleich entschlossen zu handeln! Drei oder vier eilten ins Nachbardorf und bewaffneten sich mit Mistgabeln, Sensen und Stangen. Die anderen behielten den Fremden im Auge. Oft war er im Waldesdickicht verschwunden. Aber die Bauern kannten ihren Wald und wußten, wo er wieder auftauchen würde. Offenbar hatte der versprengte Soldat die Richtung zum Silberberg eingeschlagen. Das war ein von anderen Dörfern weit abgelegenes, einsames Gebiet. Man würde vor unliebsamen Beobachtern sicher sein.

Nun sahen sie ihn wieder. Er ging auf einem schmalen Waldpfad, sich immer wieder im Unterholz verbergend. Die Richtung zum Silberberg behielt er bei. Die Bauern hatten sich beiderseits des Pfades verteilt und konnten ihn jetzt aus kürzerer Entfernung beobachten. Er trug einen kleinen Kasten, mal auf der Schulter, dann wieder vor dem Bauch. Das konnte eine Kassette oder eine kleine Truhe sein.

Dann waren sie plötzlich über ihm. Gegen die Übermacht hatte er keine Chance. Sie nahmen alles, was ihnen wertvoll erschien: seine Pistole, seine Stiefel und vor allem den eisenbeschlagenen Holzkasten. Der war schwer und verschlossen. Aber sie fanden in seinem Beutel auch den Schlüssel zum Kasten und sie öffneten ihn voller Begierde.

Es verschlug ihnen fast die Sprache! Es war wohl die Regimentskasse, die der Franzose mit sich geschleppt hatte. Ob zu seinem oder seines Königs Vorteil, wer wollte es wissen? Der Tote wurde siebzig Meter seitlich des Weges verscharrt, die Beute geteilt und absolutes Stillschweigen gelobt.

Das war leichter gesagt als getan! Im Dorf wohnte man dicht an dicht. Jeder kannte jeden. Wie sollte da die Mordtat verborgen bleiben? Bald wußten sie es alle. Selbst in den Nachbardörfern sprach man schon davon. Die Obrigkeit aber nahm die Bluttat nicht offiziell zur Kenntnis und so wurde die Tat nie gesühnt. Umso gründlicher nahm sich die dörfliche Überlieferung der Sache an. Das kollektive Gedächtnis bewahrte das Wissen um den Tathergang ebenso wie das nie ganz erloschene Schuldgefühl der örtlichen Gemeinschaft.

Und was wurde aus der Beute? Auch darüber gibt die dörfliche Überlieferung Auskunft. Die Bauern haben mit dem erbeuteten Geld Wald aus herrschaftlichem Besitz als Gemeinschaftswald erworben, der noch heute als sogenannter Interessentenwald von den Bauern zweier Dörfer im Rinnetal bewirtschaftet wird.

Nach vielen Jahren hat man am Grabe des Toten ein hölzernes Gedenkkreuz errichtet. Es verfiel nach Jahrzehnten. Erst in den fünfziger Jahren unseres Jahrhunderts wurde ein neues, größeres Holzkreuz aufgestellt, das die Inschrift trägt: „Franzosengrab. 1762".

Amoklauf im königlichen Marstall Vasallenwut in Kassel

Dorothe Meyer-Kahrweg

Am Nachmittag des 24. Dezember 1811 zerreißen Schüsse die weihnachtliche Stille der Stadt Kassel. Der Großstallmeister des Königs Jérôme sinkt im Marstall schwer verletzt nieder. Am nächsten Tag ist er tot. Heute erinnert nichts mehr an den hinterhältigen Mord.

Das Geräusch der fünfspurigen Frankfurter Straße dringt an diesem Ort nur schwach herüber. Die Neue Galerie, ein schwerer, düsterer Museumsbau im Stil der Gründerzeit, schiebt sich schützend zwischen die Straße und den kleinen Rasenplatz, von deren Rand man einen weiten Blick auf die im 18. Jahrhundert angelegten Karlsauen mit ihren schön geschwungenen Wegen hat.

„Schöne Aussicht", so heißt treffend die Stichstraße, die vor dem Rasenplatz endet. Es ist ein friedlicher Ort, und nichts deutet darauf hin, daß hier vor fast 200 Jahren ein hinterlistiger Mord geschah.

Schon Anfang des 19. Jahrhunderts war die „Schöne Aussicht" eine der beliebtesten Wohnstraßen Kassels, in der sich ein Wohnpalais an das nächste reihte. Erst der zweite Weltkrieg hat sie fast alle zerstört. Heute ist nur noch das Schloß Bellevue erhalten, ein im Jahr 1714 als Sternwarte erbautes Palais. Hier wohnte auch Großstallmeister Graf Morio...

Es ist ein trauriger Brief, den Capitain Carl Heinrich Adolph v. Reck am 29. Dezember 1811 an seine „herzlich geliebten Ältern" schickt: „Ich habe", so schreibt er in seinem Weihnachtsgruß, „meinen größten Wohltäter den Grafen Morio durch Meuchelmord eines Schmiedts in Marstall verloren."

Am Nachmittag des 24. Dezember 1811 schleicht sich der Hufschmied Lesage mit zwei Pistolen in der Hand in den königlichen Pferdeställen von hinten an seinen Dienstherren, den Großstallmeister Morio, und den Oberhofmeister Baron von und zu Gilsa heran. Seit Tagen hat er auf diesen Augenblick gewartet. Als Morio und Gilsa sich gerade über ein Pferd unterhalten, hebt der Schmied unbemerkt die beiden Waffen und drückt ab. Ein Krach und Morio sinkt mit einem Aufschrei nieder. Die Pistolenkugel ist unter der rechten Schulter in die Wirbelsäule des Grafen eingedrungen. Ein zweiter Schuß verfehlt den Baron, ein dritter zertrümmert den Schlüssel in der Tasche eines Stallknechtes und der vierte und letzte Schuß verletzt einen herbeigeeilten Türschließer, der Lesage in den Weg tritt.

Der Attentäter flieht, kann aber schließlich in der Innenstadt Kassels festgenommen werden. Graf Morio stirbt am nächsten Tag, dem 25. Dezember 1811 um sechs Uhr abends nach furchtbaren Schmerzen. Die besten Ärzte aus der 50 Kilometer entfernten Universitätsstadt Göttingen hatten ihm nicht mehr helfen können.

Für den toten Grafen wurde am 31. Dezember ein Leichenzug ausgerichtet „wie es die Casselaner noch nie gesehen hatten", heißt es in der „Geschichte des Königreichs Westfalen" aus dem Jahre 1893. Der gesamte Hofadel, alle Behörden und der Klerus nahmen daran teil.

Der Schmied Lesage aber wird vom Kriminalgericht des Fulda-Departement zum Tode verurteilt und schon am 31. Januar 1812 enthauptet.

Lesage hatte aus Wut und Rache gehandelt und bereute seine Tat bis zuletzt nicht. Der Grund für seinen tiefen Zorn ist eng mit der Geschichte der Stadt Kassel verbunden. Sie erklärt auch, warum Mord und Tatort trotz des anfänglichen Aufsehens so bald in Vergessenheit gerieten:

Im Jahre 1806 hatten die Napoleonischen Truppen das Kurfürstentum Hessen besetzt. Kurfürst Wilhelm I. floh, und Kassel wurde die Hauptstadt des neugegründeten Königreichs Westfalen, das nun von Jérôme regiert wurde, dem jüngsten Bruder Kaiser Napoleons.

König Jérôme zog am 10. Dezember 1807 mit großem Hofstaat in die 22.000 Einwohner zählende Stadt Kassel ein. Zu diesem Hofstaat gehörten auch bis zu 500 königliche Pferde und etliche prunkvolle Wagen, für die zwei neue Marställe von je etwa 200 Schritt Länge am Rande der Kasseler Neustadt errichtet wurden. Von außen müssen es recht schmucklose Bauten gewesen sein, innen aber staunte später ein Zeitgenosse über die „bewundernswerte Einteilung, Bequemlichkeit und Eleganz". Den „Casselanern" war der Bau trotzdem ein Dorn im Auge, schließlich nahm er ihnen einen Teil der Aussicht auf die Karlsaue.

Herr über die königlichen Stallungen wurde der Graf Morio. Auch der Hufschmied Lesage gehörte zu seinen Untergebenen. Mit vielen anderen Franzosen war auch er mit den französischen Truppen nach Deutschland gekommen.

Lesage war einige Tage vor dem Mord mit Morio und dem Baron von Gilsa aneinandergeraten. Über die Gründe gehen die Quellen auseinander. Einmal heißt es, daß Lesage mehr Lohn gefordert, diesen aber nicht erhalten habe. Capitain Carl Heinrich Adolph v. Reck schreibt dagegen in seinem Brief an seine Eltern, daß Lesage wegen „liederlicher" Arbeit vom Baron Gilsa angezeigt und durch Morio an eine weniger anspruchsvolle Stelle mit geringerem Lohn versetzt wurde. Die Stelle des Franzosen Lesage bekam nun ein deutscher Schmied aus Hannover.

Deutsche und Franzosen hatten ein angespanntes Verhältnis zueinander. Viele Deutsche lehnten die Franzosen als ihre Besetzer ab. Umgekehrt mag sich mancher Franzose für etwas Besseres gehalten haben.

Auch wenn Lesage selbst mit einer hessischen jungen Frau verlobt war, so hat er es wohl doch als besondere Schmach empfunden, daß ein deutscher Schmied seine Stelle übernehmen sollte. Aus Rache und gekränkter Eitelkeit schoß er auf Graf und Baron.

An der Stelle in den königlichen Marställen, an der Morio niedergeschossen wurde, wurde eine metallene Gedenkplatte angebracht. Lange gedacht wurde dennoch nicht an den damals aufsehenerregenden Mord: Nur wenig später, im Jahr 1813, vertrieben russische Truppen den König Jérôme, und Kurfürst Wilhelm I. kehrte aus seinem Prager Exil zurück.

Die ungeliebten Marställe wurden bald danach wieder abgerissen, und mit ihnen verschwand auch die Metalltafel. Endlich konnten die Kasseler wieder am oberen Ende der Schönen Aussicht ungehindert auf ihre Karlsaue schauen. Erst Ende des 19. Jahrhunderts wurde auf diesem Gelände mit der heutigen Adresse „Schöne Aussicht 1" die Neue Galerie erbaut. Damit verschwanden auch die letzten Spuren, die an den Mord erinnerten.

Blausäure
Das Attentat auf Philipp Scheidemann
Peter-Christian Witt

Weder Gedenkstein noch andere Zeichen erinnern an den Ort, an dem vor fast 77 Jahren zwei Mitglieder der berüchtigten rechtsradikalen Mörderbande „Organisation Consul" den Kasseler Oberbürgermeister und sozialdemokratischen Reichstagsabgeordneten Philipp Scheidemann ermorden wollten.

Die sicher einst bei den polizeilichen Ermittlungsakten vorhandene Tatortskizze ist leider infolge von Kriegseinwirkungen genauso verloren wie die vollständigen Akten des im Dezember 1922 erst- und letztinstanzlich vor dem Reichsgericht geführten Prozesses gegen die beiden unmittelbar Tatbeteiligten. Zur Rekonstruktion von Tatort und Tatgeschehen sind wir daher auf die recht ungenauen Angaben in Scheidemanns Erinnerungen sowie auf die Berichterstattung der Kasseler Presse angewiesen. Mit Bestimmtheit läßt sich daher nur folgendes sagen: Scheidemann war am Pfingstsonntagnachmittag, am 4. Juni 1922, begleitet von seiner jüngeren Tochter Luise und seinem Enkelkind Hanna, von seiner Dienstwohnung in der Wilhelmshöher Allee 5 mit der Straßenbahn bis zur Endstation nahe Schloß Wilhelmshöhe gefahren. Von dort hatte er den Wilhelmshöher Bergpark in südlicher Richtung durchschritten, den zu einem kleinen künstlichen See aufgestauten Aschgraben passiert und befand sich jetzt gegen 17 Uhr auf einem nur für Fußgänger passierbaren Waldweg. Dieser hätte ihn durch ein mit mächtigen Buchen und Eichen bewachsenes Areal direkt zu einem über dem Druseltal gelegenen, sehr beliebten Ausflugsziel, genannt „Möllersruh", geführt, von wo sich dem Wanderer ein ungehinderter Blick über Kassel und das gesamte Fuldatal eröffnet. Freilich, an diesem Tage erreichte Scheidemann diesen Punkt nicht mehr. Er wanderte auf dem menschenleeren Waldweg etwa 20 Meter vor Tochter und Enkelkind, als seine Tochter bemerkte, wie ein junger Mann hinter einem Baum hervortrat und von hinten auf ihren Vater zulief.

Vielfältige Morddrohungen, Warnungen der Polizei vor möglichen Attentaten und schließlich die lange Reihe bereits erfolgreicher Mordanschläge auf Vertreter des demokratischen Deutschland hatten nicht nur Scheidemann, der damals stets eine Waffe bei sich führte, sondern auch seine Angehörigen aufmerksam für alles Außergewöhnliche gemacht. Was sie sah, das reichte Scheidemanns Tochter, um den Vater mit dem Zuruf „Vater schieß" zu warnen.

Zwar konnte Scheidemann, der sich auf den Zuruf umgewandt hatte, nicht verhindern, daß der Attentäter ihm mittels einer mit einem Gummiball verbundenen Klistierspritze eine Blausäureverbindung direkt ins Gesicht spritzte, aber er konnte noch zwei, allerdings unkontrollierte Schüsse abgeben und dadurch andere Spaziergänger alarmieren, ehe er dann bewußtlos zusammenbrach.

Da das Attentat scheinbar erfolgreich war, trat der zweite Attentäter, der vor Scheidemann hinter einem Baum mit entsicherter Waffe lauerte, nicht mehr in Aktion, sondern flüchtete unerkannt mit seinem Komplizen in Richtung Bahnhof Wilhelmshöhe. In der Zwischenzeit bemühten sich herbeigeeilte Spaziergänger, unter denen auch ein Arzt war, um Scheidemann, der nach etwa dreißig Minuten das Bewußtsein wiedererlangte. Daß das Attentat ohne gravierende Folgen blieb, war vor allem darauf zurückzuführen, daß Scheidemanns buschige Augenbrauen, sowie sein Oberlippen-Kinnbart, einen direkten Kontakt der Blausäure mit den Schleimhäuten verhindert hatte und das Gift daher seine tödliche Wirkung nicht entfalten konnte.

Die Aufklärung des Verbrechens erfolgte relativ schnell. Schon im August 1922 wurden die Attentäter, die sich nach Oberschlesien geflüchtet hatten, verhaftet, und bereits im Dezember 1922 fand der Prozeß vor dem Reichsgericht statt, dessen zweiter Senat sich ausnahmsweise einmal nicht als rechts blind erwies, sondern ausdrücklich die „niedere Gesinnung" der Attentäter feststellte und sie zu einer langjährigen Zuchthausstrafe verurteilte. Allerdings kamen beide Attentäter bereits 1927 im Zuge einer allgemeinen Amnestie wieder frei.

Handelten die beiden Attentäter, der 1893 geborene Oehlschläger und der 1900 geborene Hustert, auf eigene Faust, wie sie in den polizeilichen Vernehmungen und in dem Prozeß stets behauptet hatten?

Zweifelsfrei wird sich diese Frage wohl nicht mehr klären lassen, doch es gibt einige Indizien, die sehr für einen Auftragsmord sprechen. Zunächst einmal waren beide Attentäter Mitglieder der am Kapp-Putsch beteiligten Brigade Ehrhardt und deren Nachfolgerin, der sogenannten „Organisation Consul", gewesen und beide verfügten während der Zeit, die sie seit Ende April 1922 zur Ausforschung der Lebensgewohnheiten Scheidemanns in Kassel als möblierte Herren bei einer Majorswitwe von Schlieben verbracht hatten, über erhebliche Geldbeträge, ohne einer geregelten Tätigkeit nachzugehen. Auch hatten sie mehrmals Reisen unternommen und waren in Kassel von einer geheimnisvollen dritten Person – und zwar noch unmittelbar vor dem Attentat – besucht worden. Und schließlich hatte ein, im allgemeinen zuverlässiger Informant der Frankfurter Polizei, der in Kreisen der „Organisation Consul" verkehrte, bereits sechs Tage nach dem Attentat auf Scheidemann gemeldet, daß die Organisation Consul sowohl Scheidemann wie Walter Rathenau umbringen wollte. Ein weiteres Argument für eine Verschwörung liefert der Tathergang selber: Der Einsatz von zwei Attentätern, bei denen der eine von hinten, der andere von vorne dem Opfer entgegentrat, entsprach dem Muster der Morde an Erzberger, Rathenau und anderen.

Was Scheidemann selbst schon unmittelbar nach der Tat vermutete, daß das Mordkomplott gegen ihn von der „Organisation Consul" vorbereitet und durchgeführt worden war, um die Republik zu destabilisieren, entsprach wohl der Wirklichkeit, einer Wirklichkeit, an deren Aufdeckung aber weder die Polizei noch die Gerichte allzu großes Interesse zeigten.

Drei Tote und eine stumme Zeugin
Frauenmord am Marburger Dammelsberg
Martin Maria Schwarz

Es muß sich ein warmer Spätsommertag abgezeichnet haben, an jenem 9. September 1861, denn sonst hätte Dorothea Wiegand ihr Mißtrauen wohl ein wenig entschlossener vertreten. „Warum sie denn da rauf müßten?", soll sie Ludwig Hilberg gefragt haben.

Die Frage drängte sich durchaus auf, denn am Fuß des Dammelsbergs entlangzugehen, um von ihrem Dörfchen Ockershausen in die Marburger Oberstadt zu gelangen, das machte noch Sinn, war auch das eigentliche Ziel des verabredeten Spaziergangs. Aber warum nur hoch in den Wald? „Da sei es kühler", war die Antwort. Nun gut, es gab schließlich auch etwas zu besprechen.

Der Dammelsberg – von Süden aus gesehen ist er die Erhebung direkt links neben dem Areal von Schloßberg und Park, höher als dieses, nur eben nicht so schön von gotischem Gemäuer geziert und deshalb abseits des touristischen Interesses. Er dient der Marburger Bevölkerung als Hausberg, ideal zum Auslaufen für Jogger und Hunde. Verändert hat sich wenig zwischen damals und heute, denn „hergerichtet" zum nahen Erholen wurde er bereits 1820. Die kahle Kuppe bekam ihr Eichenkleid und auch schon die auf drei Ebenen verlaufenden Horizontalwege. Auf dem mittleren, dem mit der Kennzeichnung 'D 2a' muß man fortschreiten, bis eine Eiche ihren Fuß gebieterisch ins laubige Geläuf schiebt, so als wolle sie sagen „Hier wars! – hier direkt vor mir hat sie gelegen, die Leiche der Dorothea Wiegand."

„… der Länge des Weges nach hingestreckt. Das Gesicht unkenntlich von Blut und Maden überdeckt. Auf der Vorderseite des Halses dicht unter dem Unterkiefer eine 5 Zoll lange und 4 Zoll tiefe scharffrandige Wunde, auch an den Händen Verletzungen, am Oberschenkel etwa 20 Quetschungen und Eindrücke wie von Fingernägeln. Die Leiche trägt eine 16-20 Wochen alte regelmäßig gebildete Frucht." So beschreibt das Protokoll den Fund vom 12. September. Drei Tage lang unentdeckt? Die Frequenzen der Passanten heute sind dichter.

Was sich da auf diesem halbidyllischen Waldhang abgespielt hat, darauf läßt der Befund schließen, muß ein grausam-umständliches Morden gewesen sein. Das bestätigen auch mehrere Ohrenzeugen dieser Tat, die zu dieser Zeit in den Gärten unterhalb des Hügels arbeiteten, da wo heute komfortable Einfamilienhäuser stehen. „Ein jämmerliches Geschrei" bezeugt der eine gehört zu haben, „zweimalig", sagt die andere aus, „dann ein darauffolgendes Wimmern von ungefähr zwei Minuten", „Schreie wie von einem Habicht" gibt eine dritte zu Protokoll, aber alle dachten lediglich an eine Schlägerei.

Niemand vermutet zu diesem Zeitpunkt einen Mord, der die Stadt und ihre Einwohner zudem drei Jahre lang beschäftigen und über 2000 Akten füllen wird. Die akribische Recherche verdankt sich den Erfordernissen eines damals noch recht jungen Justizorgans in Hessen, der sogenannten Schwurgerichtsverhandlung, ein Ergebnis der 48er Revolution. Diese Akten weisen aus, daß schon bald ein Hauptverdächtiger ausgemacht und in Untersuchungshaft genommen worden ist, eben Ludwig Hilberg, Schustergeselle aus Ockershausen, 24 Jahre alt. Er wurde am Tag des Mordes in der Nähe des Tatortes gesehen und – die Dörfler zeigen sich von ihrer redseligen Seite – er soll mit der Wiegand „vertrauten Umgang" gehabt haben. Einige wissen sich auch über deren Schwangerschaft gut in Kenntnis und den mutmaßlichen Urheber. Sicher ist, daß sie am Morgen der Tat noch bei ihm war, um reparierte Schuhe abzuholen.

Eine traurig-tragische Verwicklung und doch ein Gemeinplatz im kleinbürgerlichen Milieu kommt nach und nach ans Tageslicht. Für ihn, den verwegenen, militärerfahrenen Schuster mit zweifelhaftem Leumund ist es nur ein flüchtiges Abenteuer mit einem Mädchen, das er „gerade so häßlich nicht fand". Sie dagegen muß sich mehr versprochen haben. Eine Bekannte erinnert sich an eine vertrauliche Botschaft Dorotheas: „Sie sei schwanger, habe aber auch einen schönen Burschen dazu." Er reagiert panisch, wie die meisten Männer, die gewahr werden, daß sie einer für sie völlig unbedeutsamen Frau ein Kind gezeugt haben. Seiner Forderung, „nur ja nichts davon zu erzählen", hält sie entgegen, „das könne sie nicht verheimlichen." Er drängt sie, sie drängt zurück und hat zweifellos gewichtige Gründe. Aus ärmlichen Verhältnissen und alleinstehend. Für eine junge Frau mit unehelichem Kind wäre in diesem bigotten Zeitalter der künftige Lebensweg nicht gerade mit Blütenblättern gesäumt. Dessen unbekümmert zeigt er darauf sein wahres Gesicht, redet von ihr nur noch als dem „Hinkel", so ihr despektierlicher

Spitzname, läßt Sätze von sich wie „das Geschüssel wolle er nicht im Hause haben" oder „dann schneide ich ihr gleich den Hals ab". Er fürchtet um seine soziale Achtung, er, der als Zugewanderter selbst außerhalb der Ockershäuser Gemeinschaft steht.

Dann, an jenem Montag, den 9. September, entspinnt sich mitten in der Schuhmacherstube ein lautstarker Zank. Man sieht sie geradezu vor sich, wie sie aufrecht einander gegenüberstehen, der eine bemüht, seine Erregung zu dämpfen, es darf ja nichts nach außen dringen, die andere, die genau das provoziert. In diesem Moment faßt Ludwig Hilberg den Entschluß, die Sache zu Ende zu bringen, auf seine Art. Er verabredet sich mit ihr zu einem späteren Gang in die Stadt, Treffpunkt Dammelsberg. Die Zwischenzeit wird er nutzen, ein Messer zu schleifen.

All das gesteht Hilberg erst drei Jahre später einem Geistlichen. Dazwischen liegen die 1. Schwurgerichtsverhandlung, hartnäckiges Leugnen, ein Freispruch, ungeschickte Vorbereitungen einer Emigration, lauernde Inspektoren, neue Indizien, neuerliche Festnahme, 2. Schwurgerichtsverhandlung, hartnäckiges Leugnen, Schuldspruch, Todesurteil.

Die Prozeßakten lassen einen blitzgescheiten Mann erkennen, der wendig die Angriffe des Staatsprokurators pariert. Auffälliges Benehmen am Tag der Tat? – Daraus lasse sich nichts herleiten! Hilberg weiß genau, daß die Beweislage dünn ist. Wo es wirklich brenzlig wird, gibt er vor, sich nicht mehr zu erinnern oder rettet sich in ein einfaches 'nein'. Vergebens, die Geschworenen sind letztendlich gegen ihn eingenommen, auch die Gnadengesuche versanden. Am 14. Oktober 1864 läuten schließlich die Glocken der Pfarrkirche zur Hinrichtung.

Auf dem Dammelsberg herrscht verschwiegene Ruhe. Man kann im Kreis umherwandern, überall öffnen sich zwischen den locker gesetzten Bäumen Sichtfenster auf die wuselige Stadt im Tal, deren Geräusche jedoch kaum bis hier oben hinreichen. Und noch einmal führt der Weg zur Mordeiche und nah an sie heran. Ihre Rinde trägt Narben von Menschenhand. Ein Kreuz ist eingekerbt und zwei Haken, Reste des Buchstabens 'H', den wer weiß wer hier eingeschnitten haben soll, um auf den Mörder, auf Hilberg, zu verweisen.

Ob Ludwig Hilberg nach der Tat noch einmal aufgeschaut hat? Sein Blick wäre wohl von einem Hügel jenseits der Lahn aufgefangen worden, wo heute eine Anhäufung weißer Containerbauten die Bauhausideen vergewaltigt. Dies ist der Richtsberg, auf dem sein Kopf gefallen ist.

Revolver in der Tasche
Marburgs Straßen sind gefährlich

Thorsten Mack

Es existieren Orte, die Auseinandersetzungen scheinbar magisch anziehen. Der Pilgrimstein in Marburg gehört zu diesen Orten.

Der Oberstadtaufzug am Pilgrimstein gleicht einem Nadelöhr, durch das sich zahlreiche Besucher der Altstadt Marburgs zwängen. Er fungiert als eine Art Schnittstelle, welche den mittelalterlichen Stadtkern mit der moderneren Einkaufswelt verbinden soll. Zu seinen Füßen entstanden und entstehen Einkaufscenter, Passagen und ein Multiplexkino, deren Bau zu inhaltlichen Konfrontationen und heftigen Protesten führte. Von Spöttern als „Touristenbagger" bezeichnet, führt der Aufzug an dieser Stelle von der schönen, neuen Konsumzone an seinem oberen Ausgang zu der mit viel Sorgfalt und touristisch attraktiv sanierten Oberstadt, ein Gegenstück zu den wenig ambitionierten Neubauten zu ihrem Fuße. Noch 1989 lag der Aufzugsbasis gegenüber das Biegeneck – ein kulturell und sozial bedeutender, baulich verwahrloster Stadtteil. Die Stadtplaner beschlossen Anfang der 90er Jahre den Abriß, um an dessen Stelle einen Einkaufs-Komplex inklusive Hotel zu errichten. Zahlreiche Hausbesetzungen verzögerten die Pläne, konnten allerdings trotz gewaltsamer Auseinandersetzungen die Umgestaltung Marburgs nicht aufhalten. Doch dies war nicht die erste gewaltsame Auseinandersetzung im Pilgrimstein. Bereits 1989 zog eine Tat, die an diesem Ort ihren Ausgangspunkt nahm, die Aufmerksamkeit der Stadt und sogar des ganzen Landes auf sich. Der Aufzug befindet sich zu dieser Zeit in Bau, der Pilgrimstein verengt sich durch die Arbeiten wie zu einem Trichter. Am 8. Februar dieses Jahres, einem trüben, aber milden Aschermittwoch, ist der Trichter verstopft: Der Verkehr Richtung Rudolphsplatz staut sich gegen 18 Uhr an der Ampel zur Biegenstraße, die freie Linksabbiegerspur ist blockiert. Peter D., ein 33jähriger Marburger Medizinstudent, will in die linke Fahrbahn abbiegen und fährt mit den Rädern auf den Bürgersteig, um die gestaute Spur zu umgehen, während Tilman F., ein 23jähriger Zivildienstleistender, aus Richtung der Ampel den Bürgersteig entlangkommt.

Was nun folgt, greift seiner Zeit voraus, wirkt wie einem Film Quentin Tarantinos entnommen, und wird doch in den Gerichtsakten Js 1777/89 dokumentiert. Als F. sich neben dem Wagen befindet, tritt er plötzlich gegen die Fahrertür des Honda-Kleinwagens – aus Verärgerung über die Behinderung, wie er später aussagen wird. Das Szenario verschwimmt nun im Lichte der Straßenlaternen zu einem Thriller. Der dichtgedrängte, unruhige Autokorso gleicht einem Lindwurm und liefert eine filmisch anmutende Collage aus feuchten Abgasen und drückendem Motorendröhnen dazu. Peter D. stürzt dem schnell davonlaufenden F. hinterher, in Richtung botanischer Garten, 20 Meter Abstand zwischen ihnen. Der homogene, rumorende Wurm lockert sich auf, zerfällt zu losen Fragmenten. Nach etwa 200 Metern merkt F., wie seine „Kräfte schwinden", sein Verfolger holt auf. Er wird nicht entkommen! In seinem Kopf manifestiert sich die Angst, niedergeschlagen zu werden.

Was tun? Jeder durchschnittliche US-Amerikaner griffe in dieser Situation in seine Jackentasche und zöge im Laufen einen Revolver hervor, aber Deutschland ist weder die Bronx noch Hollywood. Irrtum! Nur daß es Tilman F. an Professionalität mangelt; beim Ziehen löst sich aus seiner zweiläufigen Pistole ein Schuß. Er verletzt ihn an der Hand, der Schmerz schockiert den Verwundeten. Er dreht sich um, richtet die Waffe auf Peter Dünnebacke und ruft: „Halt, stehenbleiben." Der Verfolger bleibt nicht stehen, sondern erwidert seinerseits: „Pack ihn ..." Niemand steht hinter F., ein in seinen Auswirkungen fatales Ablenkungsmanöver, ca. 260 Meter nach Beginn der Verfolgungshast. Nur noch drei Meter Distanz, nur noch ein Sprung trennt die beiden, und: Tilman F. schießt. Im Bauch getroffen stirbt Peter D. noch in derselben Nacht, trotz einer sofortigen Notoperation. Ganz real, denn dies ist nicht Hollywood.

Der Tod des Autofahrers schlägt besonders in den Printmedien hohe Wellen. Neben der Lokalpresse berichten auch alle großen deutschen Tageszeitungen wie Bild, FAZ oder Süddeutsche Zeitung über den „Todesschützen von Marburg", der den „Wilden Westen" nach Deutschland holt, der seinen „Revolver in der Tasche" trägt. Seine anschließende Flucht durch den botanischen Garten, ausgesetzte Belohnungen von insgesamt 10.000 DM und wage Täterbeschreibungen lassen eine für die Medien produktive Serie von Artikeln erwarten. Sie haben Pech: Trotz des wie üblich sehr pauschalen Steckbriefes eines Mannes von 20-25 Jahren mit „studentischem

Aussehen" (Jura oder Medizin?), gelber Steppjacke und Plastiktüte, nimmt die Polizei aufgrund von Anwohnerhinweisen bereits am Wochenende den 23jährigen F. fest. In seinen zwei kleinen Wohnungen findet die Polizei eine Vielzahl illegaler, selbstgebastelter Faustfeuerwaffen – ein „Waffennarr", wie die Oberhessische Presse bilanziert.

Ein Jahr später: Das Schwurgericht befindet den Angeklagten in erster Instanz der vorsätzlichen Tötung für schuldig. Sieben Jahre Haft lautet das Urteil, seiner „schwerwiegenden Persönlichkeitsstörung" wegen in einer psychiatrischen Klinik zu verbringen. Dies entspricht nahezu den Vorstellungen des Staatsanwaltes und der aufgebrachten Bevölkerung, die sich durch diese in ihrer Vehemenz erschreckenden Eskalation eines banalen Streites zwischen Fußgänger und Autofahrer in ihrer Sicherheit angegriffen fühlt. Um so größer ist die Überraschung, als eine Revision mit Erfolg vor dem Bundesgerichtshof besteht. In dieser zweiten Verhandlung betrachten die Richter die Persönlichkeit des Schützen und die Besonderheiten der Situation genauer. Tilman F., der laut Urteilsbegründung vom 11. September 1991 seine Handlung bereut, befand sich zur Tatzeit im Streit mit einer Familie mit teilweise tätlichen Auseinandersetzungen. Er wähnte sich verfolgt und trug deshalb ständig eine auf scharfe Munition umgebaute Gas-Alarm-Pistole bei sich. Seine diagnostizierte neurotische Fehlentwicklung ließ ihn an jenem verhängnisvollen Tag in einer Notwehrsituation mit tödlicher Konsequenz handeln, auch wenn er diese selbst einleitete. Das Gericht verurteilt in zweiter Instanz den Angeklagten im Namen des Volkes zu einer Geldstrafe von 3.000 DM wegen unerlaubten Waffenbesitzes und spricht ihn vom Vorwurf der Tötung frei. „Eine Lizenz zum Töten?", wie die Presse hinterfragt? Das Volk reagiert in Leserbriefen mit Unverständnis, spricht in einem Fall von einem „Bauchschuß gegen jeden rechtsempfindenen Bürger". Das Urteil indes läßt sich sowohl rechtlich als auch ethisch-moralisch nachvollziehen. Tilman F. handelte weder vorsätzlich noch böswillig, sondern durch eine tragische Verkettung von Umständen unglücklich.

Der geprellte Junker
Götz von Berlichingen in Steinau an der Straße
Mario Scalla

Die Geschichte, die sich Anfang des 16. Jahrhunderts in Steinau an der Straße ereignete, ist für den mittelalterlichen Lebensalltag höchst bezeichnend. Hauptfigur der kriminellen Tat war ein Ritter, der Jahrhunderte später zu einem nationalen Helden aufsteigen sollte. Um Götz von Berlichingen, den Ritter mit der Eisernen Hand, ranken sich bis in die Neuzeit zahllose Legenden. Fürst Bismarck hielt ihn für einen adligen Bruder im Geiste, für Goethe war er ein edler Deutscher und ein 'braver Mann', und uns Heutigen ist er einer der wenigen Feudalherren, die sich den revoltierenden Bauern anschlossen. Aber bevor 1525 die Bauernrevolution losging, hatten Götz und andere Kleinadlige ganz andere Probleme zu bewältigen. Ihre meist kleinen Höfe mußten unter viele Erben aufgeteilt werden, verschiedene Gefechte unter kleineren Fürstentümern verursachten große Kosten, so daß die Ritter Ende des 15., Anfang des 16. Jahrhunderts ständig neue Einkommensquellen erschließen mußten. Zuverlässig flackerten immer irgendwo kleinere Kriege und Gefechte auf, in denen sich die Ritter hervortun und in denen sie vor allem ihr nicht immer rechtmäßiges Auskommen finden konnten. „Da war Ehr und Gut zu erwerben" hieß die Devise des Götz von Berlichingen, der in seinen Memoiren ohne Scham verriet, daß es immer darauf ankommt, das „Gschäftle" nicht zu vergessen.

Infolgedessen hat das Verbrechen, das 1508 in Steinau an der Straße stattfand, auch eine geschäftliche Vorgeschichte, und das nicht zufällig, denn die hessische Gemeinde lag infrastrukturell günstig an der wirtschaftlich bedeutenden, alten Reichs- und Messestraße, die von Leipzig nach Frankfurt führte. 1505 fand also in Köln ein Preisschießen statt, doch irgendwie verschwanden 102 Gulden von der Preissumme. Die Gewinner des Wettbewerbs erhoben ein lautes Jammern und Klagen, das auch mehreren Strauchrittern zu Ohren kam, die hier ein lohnendes Geschäft witterten. Einer von ihnen sandte sogar einen offiziellen Fehdebrief an Kölner Kaufleute, die er für das entgangene Preisgeld haftbar machen wollte, doch es blieb dem tatendurstigen und rauflustigen Götz von Berlichingen vorbehalten, in diesem Streitfalle eine Entscheidung herbeizuführen. Im Mai 1508 zogen zwei Kölner Kaufleute nichtsahnend auf der Messestraße entlang. Als sie Steinau erreichten, nahm aber das Unglück seinen Lauf, denn sie wurden plötzlich überfallen und verschleppt. Der Anlaß, jene ominösen 102 Gulden, war zunehmend in Vergessenheit geraten, und so hatte Götz von Berlichingen – denn kein anderer steckte hinter dieser Schurkerei – keine Bedenken, von ihnen stattliche 1.300 Gulden Lösegeld zu fordern. Aber der Kaufmann Contz Heymen war nicht auf den Kopf gefallen. Er forderte seine Freilassung, um das Lösegeld für den in Gefangenschaft bleibenden Sohn Heymen herbeischaffen zu können. Doch als Götz diese Bedingung akzeptierte, genoß Heymen Senior die Freiheit, behielt die Gulden und ließ den Sohn in der Gefangenschaft schmoren. Der Raubritter Götz war geprellt und mußte sich seine junkerliche Apanage anderweitig aufbessern.

Wer ist jetzt in dieser Geschichte der Betrogene, der raublustige Ritter oder der habgierige Kaufmann? Auf jeden Fall illustriert diese damals durchaus alltägliche Begebenheit, daß das Leben gefährlich war, und das vor allem an einer berühmten Messestraße wie der, die am idyllischen Steinau vorbeiführte.

Wer heute diesen Ort besucht, für den wird die mittelalterliche Geschichte noch einmal lebendig. Dafür sorgen nicht nur die zahlreichen Fachwerkhäuser in der historischen Altstadt, sondern vor allem der große Platz mit Rathaus und Katharinenkirche. Beide Gebäude dominieren die Altstadt, werden aber noch in den Hintergrund gedrängt durch das alte Steinauer Schloß mit seinen Hauptgebäuden, Befestigungsanlagen, seinem großen Turm und einem geräumigen Schloßhof. Aus dem achten Jahrhundert datiert die erste Burganlage, die dann nach den Bauernkriegen zu einem repräsentativen Renaissanceschloß umgebaut wurde. Der Ritter Götz von Berlichingen hatte sich gerade an die Spitze der aufrührerischen Bauern gestellt, als ein Steinauer Baumeister mit den Umbauarbeiten begann, die mehr als dreißig Jahre dauern sollten. Doch trotz aller Anleihen bei der Architektur der Renaissance bewahrt die Anlage ihren festungsartigen Charakter. In den Zeiten umherziehender Raubritter kam es darauf an, der aufblühenden Kaufmannschaft Schutz zu bieten, und das Steinauer Schloß mit seinen mächtigen Mauern und Befestigungen erfüllte diese Funktion. Der vor dem Schloß gelegene Marstall beherbergt heute nicht mehr die ritterlichen Pferde, sondern ein Marionettentheater, in dem vor allem die Märchen der Brüder Grimm gespielt werden, die in Steinau einige Jahre ihrer Kindheit zubrachten. Die Reisenden von heute pendeln nicht mehr zwischen der Leipziger und Frankfurter Messe hin und her, sondern kommen von der Autobahn, fahren an der Industrie am Stadtrand und den Wohnbezirken vorbei, um in die historische Altstadt zu gelangen. Sie müssen auch nicht mehr fürchten, verschleppt und erpreßt zu werden. Stattdessen plätschert die Kinzig am Stadtkern entlang und locken Schloßbesichtigungen und Marionettenaufführungen von „Hänsel und Gretel". Abenteuerlicher aber war es seinerzeit schon, zur Zeit des Ritters mit der eisernen Hand, der Händler und Krämer, die nie vor einem Überfall sicher waren, und der Landsknechte und Räuber, die den schnellen Gulden machen wollten.

Bier, Bratwurst und Kartoffelsalat
Die Hinrichtung des Hirtenmörders in Waldeck

Jochanan Shelliem

Den Schäfer hätte er nicht erschlagen dürfen, der Viehhändler, der vor den Geschworenen in Arolsen sogar den eigenen Zeugen diskreditierte: „Das ist doch nicht glaubwürdig, sehen Sie, jetzt widerspricht er sich schon wieder", schuriegelte er seinen jüngeren Bruder, der ihn mit ungelenken Worten doch nur entlasten wollte. Den Handelsmann, den man zuvor mit durchgeschnittener Kehle fand, die Bluttat von Stadtberge, bei Nieder-Marsberg, hätte der Schafhändler vielleicht nicht büßen müssen, auch wenn der Wirt den Überfall geahnt und den Händler gewarnt hatte, des Nachts durch das Wäldchen zu gehen. Schafhändler Willmes muß sich seiner Sache wohl ziemlich sicher gewesen sein, auch als er schon auf Burg Waldeck vor seiner Henkersmahlzeit saß. Warum er diesen Mord begangen hatte, der große stattliche Mann, dem nach der Verurteilung mit zwei anderen Gefangenen sogar der Ausbruch aus dem Untersuchungsgefängnis im Barockschloß von Arolsen gelang, davon schweigt der Chronist. Dafür aber weiß man, was Schafhändler Willmes vor seiner Hinrichtung aß und trank. Bier hatte sich der Delinquent von der Vahlandschen Brauerei neben der Waldecker Kirche zur Festung bringen lassen, Bratwurst und Kartoffelsalat und als Nachtisch „Obst". So sah die Henkersmahlzeit im armen Waldeck aus.

Als er vom Glockenklang des Uhrtürmchens begleitet auf den Leiterwagen steigt, hat Willmes auf dem Weg zu seiner Hinrichtung mitnichten jene Aussicht, die heute Wassersportler, Marathon- und Ultralangläufer vom Schloßhof des Vier-Sterne-Hotels erfreut. Erst 1914, die kaiserliche Einweihung der Edertalsperre fällt wegen des Sarajevoattentats auf den Thronfolger Ferdinand ins aufgestaute Wasser, und auch der Plan der kaiserlichen Militärs, die Flotte Friedrich Wilhelms bei Angriffen weseraufwärts zurückzuziehen, erweist sich als Makkulatur, doch in Betrieb genommen, ermöglicht das 202 Millionen Kubikmeter Reservoir der Edertalsperre die aufstrebende Reichshauptstadt Berlin (seit 1871) über den Mittellandkanal mit Kohle aus dem Ruhrgebiet zu versorgen. Und auch die Mauserwerke stehen noch nicht, die aus den Ackerbürgern von Waldeck und den Aussiedlern der drei Ederdörfer, die man für das Projekt geopfert hat, Industriearbeiter machen sollten. Die Mauserwerke werden im

Hessischen jedoch nie Waffen produzieren, vor dem Krieg bauen sie Jauchefässer und heute friedfertige Büromöbel aus Stahl. Von dem Ederdörfchen Berich ist heute nur noch ein schmaler Ackerstreifen mit einer kleinen Seilbahnstation zu sehen, während hessische Hobbytaucher mit ortsansässigen Zandern durch die Straßen von Bringhausen und Alt-Berich um die Wette schwärmen.

Von diesem Zug der Zeit ahnte der mordende Schafhändler noch nichts. Er kannte nur die Armut in der Ackerbürgerstadt, die kaum mehr als vierhundert Seelen zählte. Und mangels Toleranz die Hugenotten abwies. Zur Zeit des Schäfermordes wandern die meisten jüdischen Waldecker aus – laut Ortssippenbuch gehen die meisten nach Amerika. „Die Kleinststadt dient seit dem Bau ihrer Stadtmauer im 13. Jahrhundert der Versorgung des Grafenhauses", sagt Bauer Neuhaus fünfhundert Jahre später, ebenso gottergeben wie seine Vorfahren dies hingenommen haben. Und weil sich die alteingesessene lutherische Bevölkerung auch nach dem Tode von Georg Friedrich, der gegen die Türken siegte, nicht mit den protestantischen Bediensteten des Grafenhauses gemein machen wollten, spalten sich die alt-lutheraner Familien nach seinem Tode 1692 ab – und heiraten bis zum heutigen Tage möglichst alt-lutheranisch.

Als Willmes den Schafhirten bei Vasbeck im Feld erschlägt, des Nachts, vorsätzlich und nach langem Handel tags zuvor, die Leiche läßt er liegen, als der Schafhändler flieht, da greift die alte Ordnung: Die Schwurgerichtsverhandlung der Residenzstadt fällt den Richterspruch, der Delinquent wird nach Schloß Waldeck eskortiert, der Scharfrichter und seine zwei Gehilfen aus Kassel in das dortige Zuchthaus komplimentiert. Vom Schloßhof, wo heute Hochzeitskutschen, Ritterspiel und Rennaissanceworkshop betuchte Reisende anlocken sollen, vom Glockenklang des Uhrtürmchens begleitet, fährt der Verurteilte in die „Alte Stadt". Hier streiten sich die Chronisten. Die einen lassen ihn den kurzen Weg zu dem von Lärchen bestandenen Richtplatz am Burggraben fahren, da der Schwerverbrecher ja in Arolsen schon einmal ausgebrochen war, anderen Zeitzeugen zufolge fährt Willmes erst mal im Umzug durch die Stadt, hält an der Vahllandschen Bierbrauerei und löscht seinen Durst, wie es jeder Waldecker Bauersmann auch heute nachvollziehen kann. In der alten Kaserne, die nicht mehr steht, soll ihm die Gattin des Gefängnisaufsehers Hermann Löber die Henkersmahlzeit zubereitet haben. Im Burggraben, „in der Grafft" wie es heißt, wartet der Scharfrichter.

Oberhalb des Touristenbusparkplatzes, wo sich die Aussichtsgruppen im Gänsemarsch aufmachen, um die letzten hundert Meter zum Schloßhof hinaufzusteigen, stand der Richtblock am Hang. Durch das Schwert des abgeordneten Scharfrichters, laut Paul Neuhaus, durch das Richtbeil, so die Chronik des Heimatmuseums, habe der Schafhändler am 30. Mai des Jahres 1854 seinen Kopf verloren. An den Haaren von Gehilfen in die Höhe gehalten wurde das abgetrennte Stück, den Zeugen zur Erinnerung. Am Abhang des Schloßberges wurde der Leichnam verscharrt. Auch das hatte seine Ordnung. Wer sich derart unehrenhaft verhielt, fand keinen Platz in christlicher Erde.

Ein ruiniertes Bürgerleben
Der Räuber Leichtweiß in Wiesbaden
Alf Mentzer

Von der Talstation der Nerobergbahn im Norden Wiesbadens dringt noch das aufgeregte Geschrei und Gekreische einer Ausflugsklasse. Langsam wird es von dem monotoneren Plopp ... Plopp ... Plopp überlagert, das den naheliegenden Tennisplatz ankündigt. Vorbei an den Courts und dem Hockeyspielfeld, entlang der Parkreihe blitzender Wiesbadener Automobile des gehobenen Preissegments führt der verschlungene Weg in den immer dichter werdenden Stadtwald, und allmählich beginnt man zu ahnen, daß es einmal eine Zeit gab, da kein Wiesbadener hier mir nichts dir nichts sein glitzerndes Statussymbol abgestellt hätte, geschweige denn seinen Kindern den Stadtwald als Ausflugsziel empfohlen hätte. Noch 15 Minuten Fußmarsch, und man trifft endlich auf jene Schieferfelsenhöhle, die selbst heute noch dem Wiesbadener Stadtwald einen Hauch von unheimlicher Gefährlichkeit verleiht – die Leichtweißhöhle, benannt nach dem „verwegenen Räuber und Wilddieb Heinrich Anton Leichtweiß". So jedenfalls wird der einstmalige Bewohner dieser Höhle in einem Groschenroman des späten 19. Jahrhunderts tituliert. Mit mindestens sechs Kumpanen und einer Räuberbraut soll er hier gehaust haben. Von hier aus soll er die Umgebung in Angst und Schrecken versetzt sowie Überfälle auf Kaufleute und Postkutschen gestartet haben. In Wirklichkeit ist Heinrich Anton Leichtweiß aber wohl nie jener Schinderhannes-Verschnitt gewesen, als der er posthum durch die Literatur geisterte. Er war eher ein Verbrecher aus verlorener Ehre, das Opfer von Justizwillkür und fürstlichem Absolutismus. 1723 im rheinhessischen Jugenheim als Sohn eines herrschaftlichen Jägers geboren, bekleidete Leichtweiß als Gastwirt und Bäcker im hessischen Dotzheim eine durchaus respektable gesellschaftliche Position. Er heiratete die Tochter eines Dorfhonoratioren, war selbst aktives Gemeindemitglied und mehrte durch geschickte Transaktionen beharrlich seinen Grundbesitz – ein hochangesehener Mitbürger also – jedenfalls bis zu jenem tragischen Tag im April des Jahres 1788: Der angesehene Bürger Heinrich Anton Leichtweiß – mittlerweile immerhin schon stattliche 65 Jahre alt – wurde bei einem nie ganz aufgeklärten Einbruch in den Keller eines Nachbarn ertappt. Ein plausibler Grund für diese Tat war nur schwer zu erkennen. Das Gutachten des fürstlichen Hofgerichts spricht davon, daß Leichtweiß aus „niedriger Rache" gehandelt und zudem „diebische Instrumente bei sich geführt" habe. Wahrscheinlich wäre diese Verfehlung auch als peinlicher Ausrutscher eines ansonsten unbescholtenen Bürgers abgetan worden, hätte das fürstliche Hofgericht diesen Fall nicht mit dem Vorwurf der Wilderei verbunden. Aber auch dieser Tat sah das gerichtliche Gutachten den Leichtweiß lediglich „beynahe überführt", und dennoch wurde auf Betreiben des Fürsten Carl Wilhelm zu Nassau und Saarbrücken ein Exempel statuiert. Das fürstliche Hofgericht verurteilte Leichtweiß dazu, auf dem Wiesbadener Wochenmarkt mindestens eine Stunde an den Pranger gestellt zu werden, sowie eine einjährige Zuchthausstrafe samt „Condemnierung zur Arbeit" abzusitzen. Ruf und Lebensgrundlage des einst angesehenen Bewohners von Dotzheim waren damit ruiniert, und Leichtweiß kehrte auch nach seiner Entlassung aus dem Michelsberger Gefängnis nicht in den Schoß der bürgerlichen Gesellschaft zurück, sondern streifte ein gutes Jahr lang im Nerotal umher. Wenn auch der ursprüngliche Grund seiner Verurteilung mehr als zweifelhaft gewesen sein mag, Leichtweiß wurde nun zu dem Wilddieb, als den man ihn vormals verurteilt hatte. Unterschlupf fand der mittlerweile 67jährige Leichtweiß in jener später nach ihm benannten Höhle. 1791 wurde er dort von Waldarbeitern entdeckt. Leichtweiß konnte fliehen und hinterließ nichts als eine karge Bettstatt aus Moos sowie eine sogenannte Diebeslampe, eine mit einem Filzhut abgedeckte Laterne – Requisiten einer erbärmlichen und gehetzten Existenz. Diese sollte kurze Zeit später ihr Ende finden: Leichtweiß wurde aufgestöbert und verhaftet. Die Justiz befand es nicht einmal für notwendig, ihm einen ordentlichen Prozeß zu machen, sondern kerkerte den greisen Wilddieb einmal mehr auf der Wiesbadener Festung am Michelsberg ein, wo Heinrich Anton Leichtweiß 1793 starb. Soweit die biographischen Fakten dieser tragischen Existenz, die aber an sich noch nicht das Prädikat „Räuberleben" verdient hätte. Die Leichtweißhöhle wäre wohl auch kaum zu kriminalgeschichtlicher Bedeutung avanciert, wenn sich nicht der Wiesbadener Verschönerungsverein ihrer im Jahre 1856 angenommen hätte, und zwar mit dem touristischen Hintergedanken, dem zum Weltkurbad aufgestiegenen Wiesbaden eine standesgemäß romantische Attraktion zu verschaffen, die dem Kurgast eine gesunde Portion wohligen Schauer verabreichen sollte. Man erweiterte also kurzerhand die Höhle zu einem 30 m langen Gang, der nach allen Regeln der Räuberkunst ausstaffiert wurde: Man legte eine Grotte mitsamt einem zünftigen Räuberberatungstisch (inklusive Geheimfach für Beutestücke) an, richtete in einer über eine Leiter erreichbaren Nische das Lager des Räubers und seiner Geliebten her, und plazierte an den Wänden Steinschloßflinten, nassauische Säbel, sowie Porträts von Mitgliedern der (fiktiven) Bande. Das 19. Jahrhundert inszenierte hier seine romantische Vorstellung von Gesetzlosigkeit und tat dies so erfolgreich, daß im Jahre 1905 sogar seine Hoheit Kaiser Wilhelm der II. samt Gemahlin den Spaziergang zur Schieferfelsenhöhle unternahm, um sich von den Wohnverhältnissen eines mittlerweile über die Grenzen Wiesbadens hinaus bekannten und zum Räuberhauptmann aufgestiegenen Wilderers ein Bild zu machen. In der Folge geriet der Ort allerdings ins touristische Abseits, die Leichtweißhöhle blieb jahrzehntelang geschlossen und erst seit vier Jahren steht sie – samt allen Räuberrequisiten – dem Publikum wieder offen. Gruselbewußte Touristen können also wieder in die dunkle Behausung des verwegenen Räubers Leichtweiß hinabsteigen, eines Räubers, der seinerzeit wohl kaum mehr als ein Bürger auf Abwegen war, den das romantisch inspirierte 19. Jahrhundert aber zum schaurig-schönen Rächer der Geächteten beförderte.

Das Aus im Kornfeld – Die Verhaftung des Schinderhannes in Wolfenhausen

Heiner Boehncke

Wolfenhausen ist nicht leicht zu finden. Es versteckt sich als Stadtteil von Haintchen in der etwas entlegenen Landschaft des Hintertaunus, nicht weit von Weilmünster. Und, ist man dort, hilft das kaum weiter; denn nicht in, sondern bei Wolfenhausen wurde der Schinderhannes festgenommen. Und leider weiß man nicht mehr, wo sich das Kornfeld befindet, aus dem der Oberräuber arglos heraustrat, den Häschern in die Arme. Empfohlen wird ein Spaziergang in der schönen Gegend; Schinderhannes-Terrain berührt man dort überall reichlich. In Limburg begibt man sich in die Gaststätte „Die Gabel". Dort wahrscheinlich, und nicht im – erhaltenen – kaiserlichen Werbhaus, wurde der frisch gefangene Häftling erst als Schinderhannes identifiziert. Das Werbhaus wurde damals nämlich gerade umgebaut, nachdem es aus dem Besitz des Klosters Arnstein in die Hände des Bürgermeisters von Limburg übergegangen war.

So einer wie der Schinderhannes – mit Klarnamen Johannes Bückler – wird nicht einfach gefangen und im Bulletin werden dann fein säuberlich die amtlichen Fakten, Verhörprotokolle, erste hochwichtige Stellungnahmen publiziert. So einer ist ja zunächst ein von vielfältigsten Mystifikationen umnebelter Räuberhauptmann, der ständig überall auf- und abtaucht und in trivialen Mythen als kugelsicherer, unfangbarer Held gefürchtet und gefeiert wird. 1801 erschien in einer Sammlung von „Kriminalgeschichten voller Abentheuer und Wunder" ein Schinderhannes-Kapitel, in dem er Johann Vickler heißt. Da hatte er noch zwei Jahre zu leben und war der persönliche Feind des französischen Polizeiministers Fouché.

Schinderhannes war zwar kein großer Räuber, eher eine lokale Größe mit einem beschränkten Operationsgebiet zwischen Hunsrück, Soonwald und Taunus, die Franzosen machten aber einen überlebensgroßen Staatsfeind aus ihm und wollten ein Exempel statuieren. Der Präfekt des Departements vom Donnersberg, Jeanbon Saint-André, gab am 11. Mai 1802 einen Steckbrief heraus, Fouché erließ einen Tag später eine „Schinderhannes-Note" und rief die Länder der rechten Rheinseite zum gemeinsamen Vorgehen auf. Allzu gern hätte Anton Keil, öffentlicher Ankläger beim Kriminal- und Spezialgericht des Roer-Departements, den Schinderhannes selbst zur Strecke gebracht. Er kannte wie kein anderer die Räuber und Schurken um Johannes Bückler und packte dann auch im strategischen Geist der Aufklärung mit Raffinement und polizeilichem wie psychologischem Geschick nicht wenige der Schinderhannes-Kumpanen. Nur der Hauptfang blieb ihm versagt.

Wichtige Gauner erwischt meist der Zufall. Bei Johannes Bückler trug der Zufall den sprechenden Namen Fuchs. Der war „chur=trierischer Hofgerichtsrath und Amtsverwalter zu Limburg an der Lahn" und streifte am 31. Mai 1802 mit einem Kommando durch die Gegend von Hausen, Eisenbach und Haintchen, im heutigen Nationalpark Hochtaunus gelegen. Übrigens nicht sehr weit von Bücklers Geburtsort Miehlen bei Nahstätten. Fuchs streifte also, und zwar im Morgengrauen, durch besagte Gegend und sah kurz vor Wolfenhausen einen Menschen aus einem Kornfeld herausgehen. Der war gut und bunt gekleidet („hellblaue Hosen mit weißen, runden Knöpfen, zwischen den Beinen mit schwarzem Leder ausgeschlagen") und machte mit Zopf und Backenbart einen manierlichen Eindruck. Auf Befragen hieß er zunächst Jakob Schweikard und gab vor, in Wolfenhausen Ziegel kaufen zu wollen. Leider hatte er gerade mal keinen Paß dabei. „Dann wird der Ziegler Euch ja wohl kennen", sagte Herr Fuchs. Und auf ging's. Daß er einen Spitzbuben am Haken hatte, begriff der pfiffige Fuchs alsbald. Also wurde der Pseudo-Schweikard ergriffen, erst nach Runkel, dann zum kaiserlichen Werbhaus nach Limburg gebracht, zunächst seiner geäußerten Absicht folgend, sich bei den Franzosen als Soldat anwerben zu lassen. Dann war da ein Rekrut namens Zervas, ein einschlägig aktenkundiger Räuber, der wie im Bilderbuch den Schinderhannes als solchen erkannte und flugs verriet. Erst kommt die Belohnung, dann die Moral. Jetzt verglich man Schweikard mit dem Signalement des Schinderhannes, das kurz zuvor im „Kölnischen Beobachter" publiziert worden war. Alles paßte. Schinderhannes war am Ende. Über Wiesbaden ging es nach Frankfurt, wo Johannes Bückler am 16. Juni morgens um vier Uhr den französischen Gendarmen übergeben wurde. „Oh weh! Nun bin ich verloren!" rief Schinderhannes aus und glaubte doch, mit sechs, acht Jahren Galeere davonzukommen. Natürlich hatte er während aller Stadien seiner Gefangennahme versucht, sich freizukaufen. Er wurde aber als grandiose Trophäe nach Mainz überführt, bekam zusammen mit seinen Räubergenossen einen spektakulären öffentlichen Prozeß und verlor seinen Kopf unter der Guillotine am 21. November 1803.

Die einzige zuverlässige Schilderung der Gefangennahme des Schinderhannes findet sich in der „Actenmäßigen Geschichte der Räuberbanden an den beyden Ufern des Rheins", die Johann Nikolaus Becker 1804 in zwei Bänden in Köln herausbrachte. Dort berichtet besagter Anton Keil in einer Fußnote detailliert und glaubwürdig über die Festnahme des Johannes Bückler, vulgo Schinderhannes.

Ein Rammbock mit Wachslichtern
Der Postraub von Würges und seine Folgen

Hans Sarkowicz

Die ehemalige Thurn- und Taxisschen Posthalterei in Würges ist auch heute noch gut auszumachen. Das Gebäude in der Frankfurter Straße mit einem großen Innenhof, um den sich die früheren Pferdeställe gruppieren, liegt an einer zentralen Kreuzung. Und da die Ampel, wie offenbar überall auf der Welt, gerade dann Rot zeigt, wenn man sich ihr mit dem Auto nähert, bleibt genügend Zeit für einen ersten, noch flüchtigen Blick. Dabei wird man kaum das Messingschild bemerken, das neben dem großen Tor an ein denkwürdiges Ereignis erinnert.

Es war kurz vor Mitternacht am 10. Januar 1801. Johann Oberst, der die wichtige Poststation an der Strecke von Köln nach Frankfurt vor gut zehn Jahren erbaut hatte, war gerade zu Bett gegangen. Die Pferde standen ruhig in ihren Boxen. Ein Postwagen, der frische Pferde gebraucht hätte, war nicht mehr zu erwarten. Eine Eilpostsendung, die am nächsten Morgen gleich verschickt werden sollte, hatte Oberst noch fertiggemacht. Und nun erwartete ihn der erholsame Schlaf. Aber es sollte anders kommen. Kaum hatte er die Augen geschlossen, wurde er schon wieder von seiner Frau geweckt. Sie hatte einen hellen Schein gesehen und Lärm wahrgenommen. Beide sprangen aus dem Bett. Und was sie sahen, ließ ihnen das Blut in den Adern gefrieren. Zwölf bis fünfzehn unbekannte Kerle versuchten mit einem gewaltigen Balken, auf den Wachslichter geklebt waren, das schwere Tor einzurammen. Die Posthalterin bekam es so mit der Angst zu tun, daß sie aus dem Fenster in den Hof sprang und sich dort versteckte. Damit entging sie noch Schlimmerem. Denn kaum hatten die mit wütender Gewalt vorgehenden Männer das Tor in Stücke geschlagen, stürzten sie die Treppe hinauf, banden den Posthalter mit Stricken und mißhandelten ihn, wie ein zeitgenössischer Chronist bemerkte, „auf die entsetzlichste Art". Auch dem Gesinde erging es nicht besser. Drei der Räuber hielten Schildwache und feuerten unablässig in den Ort Würges, um jede Hilfe für die Gemarterten zu verhindern. Obwohl die Beute viel geringer war, als die Räuber erwartet hatten, sorgte der Überfall für allgemeines Entsetzen. Denn schließlich hatte sich eine Räuberbande dieses Mal keine alleinstehende Mühle oder einen kleinen Laden ausgesucht, sondern eine wichtige Poststation.

Daß die Banden am Ende des 18. und zu Beginn des 19. Jahrhunderts so ungehindert wie in Würges agieren konnten, war auf die fast vollständige Desorganisation des Polizeiwesens zurückzuführen. Vor allem in den von den französischen Revolutionsarmeen besetzten Gebieten Deutschlands lösten sich die Strukturen auf. Die territoriale Zersplitterung tat ein übriges, um die Verfolgung der Banden zu erschweren. Außerdem verboten die französischen Behörden, aus Angst vor Anschlägen, zeitweilig den Besitz von Waffen, so daß sich die Überfallenen nicht wehren konnten. In dieser desolaten Situation konnten sich mafiaähnliche Banden entwickeln, die über eine komplexe Struktur verfügten. Im Mittelpunkt stand der Raub. Er wurde sorgfältig geplant. Voraustrupps spähten die Örtlichkeiten aus und markierten den Weg, damit keiner der aus allen Himmelsrichtungen anreisenden Kombattanten das Ziel verfehlen konnte. Der Überfall oder der Einbruch selbst liefen immer nach einem festen Ritual ab. Der Chef hatte die schwierigsten Aufgaben zu erfüllen, dafür erhielt er auch den größten Anteil an der Beute. „Chef" beim Überfall von Würges war der Holländer Abraham Picard, der unter Seinesgleichen einen fast legendären Ruf besaß. Wo er auftauchte, ordneten sich selbstverständlich alle anderen Räuber unter. In Würges hörte auch ein Mann auf seinen Befehl, der gemeinhin als der gefährlichste und mutigste deutsche Räuber gilt: Johannes Bückler, genannt Schinderhannes. Gegen Picard war der mit seiner Bande im Taunus und Hunsrück agierende „Hauptmann" ein kleiner Fisch. In Würges durfte er deshalb auch nur Schmiere stehen. Er war einer der drei, die vor dem Haus blieben und in das Dorf feuerten. Aber als es um das Teilen der Beute ging, da war Schinderhannes der Schlauere und betrog seinen Anführer. Als Picard das merkte, war es zu spät. Zu einem weiteren gemeinsamen Raub ist es deshalb nicht mehr gekommen. Es wäre für beide auch nicht mehr so leicht gewesen, denn der Postraub von Würges hatte bei den Behörden zu einem Umdenken geführt.

Schon 18 Tage nach dem Überfall, am 28. Januar 1801, trafen sich in Wetzlar die Vertreter von zwölf Regierungen und beschlossen ein strengeres Vorgehen gegen die Räuberbanden. Mit der Reorganisation des Justizwesens unter französischer Führung wurde es möglich, Banden auch grenzüberschreitend zu verfolgen und wirksame Gegenmaßnahmen zu entwickeln. Spezielle Streifzüge von Militär und Gendarmerie brachten eine immer größer werdende Zahl von Räubern in die Gefängnisse, darunter auch, nicht einmal eineinhalb Jahre nach dem spektakulären Coup, Schinderhannes mit seinen Mannen. So besiegelte der Überfall auf die Poststation in Würges auch das Schicksal der Schinderhannes-Bande. Heute ist das frühere Dorf ein Stadtteil von Bad Camberg. Das Schild an der ehemaligen Posthalterei erwähnt nur die Schinderhannes-Bande, aber nicht Picard, der die Meute angeführt hatte, dessen Namen allerdings heute kaum noch jemand kennt. Das von den Räubern zersplitterte Tor bewahrt das Bad Camberger Stadt- und Turmmuseum auf. So ist aus einem brutalen Überfall eine kleine touristische Sensation geworden.

Die Autorinnen und Autoren

Heiner Boehncke, geb. 1944, Professor für Literaturwissenschaft in Frankfurt. Habilitation über die Verkehrte Welt im Barock. Zahlreiche Veröffentlichungen zu Räubern, Vaganten und den niederen Schichten.

Henning Boetius, geb. 1939, Promotion über Hans Henny Jahnn, Autor von zahlreichen Romanen, u.a. „Der Gnom", „Das Rubinhalsband", „Ich ist ein anderer" und „Tod in Weimar".

Helga Dierichs, geb. 1941 in München, nach Studium Rundfunkreporterin des BR, danach Leiterin des Frauenfunks im HR, 1980 zum Fernsehen, Reportagen, Features, Buchveröffentlichung mit Margarete Mitscherlich: „Männer, 10 exemplarische Geschichten".

Cornelia Dörr, geb. 1960 in Wetzlar, Studium der Kunstgeschichte in Marburg, Promotion über Adolph Menzel, verschiedene Ausstellungen zur hessischen Landesgeschichte, Redakteurin der Zeitschrift „Hessische Heimat", derzeit an der Philipps-Universität Marburg beschäftigt.

Ruth Fühner, geb. 1953, Studium der Germanistik und Geschichte in Freiburg, Promotion über moderne Autobiographie. Autorin, Moderatorin und Redakteurin im Hessischen Rundfunk.

Horst Gunkel, geb. 1927 in Hanau, Jurastudium, danach Tätigkeiten am Regierungspräsidium in Darmstadt, Bundesverwaltungsgericht in Berlin, 1966-90 Bürgermeister der Stadt Homberg, seit 1990 Pensionär.

Jan-Christoph Hauschild, geb. 1955, Mitarbeiter des Heinrich-Heine-Instituts, Autor und Ausstellungsmacher. 1997 Georg Büchner-Biographie und zusammen mit Michael Müller „Der Zweck des Lebens ist das Leben selbst". „Heinrich Heine. Eine Biographie". Demnächst erscheint seine Rowohlt-Monographie zu Heiner Müller.

Horst Hecker, geb. 1964 in Haubern (bei Frankenberg), Studium der mittleren und neueren Geschichte in Marburg, Mitarbeit in der Forschung Universitäts- und Wissenschaftsgeschichte an der Philipps-Universität in Marburg.

Christa Hein, geb. 1955 in Cuxhaven, lebte acht Jahre in den USA, heute freie Schriftstellerin in der Rhön. Ihr Roman „Der Blick durch den Spiegel" erschien 1998 in der Frankfurter Verlagsanstalt.

Anja Johann, geb. 1966 im Saarland. Nach dem Abitur Ausbildung zur Sortimentsbuchhändlerin in Bonn; anschließend Studium der Geschichte, der Germanistik und des Fachs Buchwesen in Freiburg und Mainz; arbeitet zur Zeit an einer Promotion über Frankfurter Geschichte in der Frühen Neuzeit.

Peter J. A. Kaiser, geb. 1958 in Detroit, Studium der Filmwissenschaft, Kameramann und Cutter, journalistische Arbeiten für Funk und Fernsehen. Lebt seit fast zwei Jahrzehntnin in Deutschland, zur Zeit in Frankfurt.

Daniel Linke, geb. 1970 in Hamburg, Studium der Germanistik und Politikwissenschaften in Marburg, derzeit Promotion über Thomas Mann.

Clemens Lohmann, geb. 1954 in Fritzlar, Studium der Geschichte und Politik in Göttingen, seit 1985 Leiter des Stadtarchivs in Fritzlar.

Thorsten Mack, geb. 1973 in Ülzen, freie Tätigkeiten für Zeitung, Hörfunk, Fernsehen.

Ursula May, geb.1960, studierte Germanistik und Theaterwissenschaft in München und Berlin. Seit 1986 Autorin, Moderatorin und Redakteurin im Programmbereich Kultur des Hessischen Rundfunks.

Manfred Mays arbeitet journalistisch für Hörfunk und Fernsehen in verschiedenen Sendeanstalten.

Dorothee Meier-Kahrweg, geb. 1961. Studium der Biologie, journalistische Arbeiten für die Zeitschrift Öko-Test, Hörfunk und Fernsehen im Hessischen Rundfunk. Autorin von Kinderbüchern und einer Hörbuch-Reihe über die Geschichte der Bundesrepublik.

Alf Mentzer, 1966 in Rendsburg geboren, studierte Anglistik und Philosophie in Bonn, Harvard und Frankfurt. Lebt in Frankfurt/Main und arbeitet als Kulturredakteur für den Hessischen Rundfunk.

Natascha Pflaumbaum, geb. 1968 auf Helgoland, studierte in Göttingen Germanistik und Philosophie. Seit 1997 arbeitet sie als Kulturjournalistin in Hörfunk und Fernsehen beim Hessischen Rundfunk.

Helmut Riffer, geb. 1927, Kaufmann, Studium der Geschichte in Marburg, Leiter des Stadtarchivs in Alsfeld.

Hans Sarkowicz, geb. 1955, Studium der Geschichte und Germanistik, zahlreiche Publikationen, u.a. über deutsche Räuber, hessische Geschichte und Erich Kästner. Leiter des Programmbereichs Kultur im Hessischen Rundfunk.

Mario Scalla, geb. 1961, studierte in Münster Soziologie, Philosophie und Germanistik und beendete sein Studium mit einer Promotion über Bertolt Brecht. Arbeitet als freier Journalist in Frankfurt.

Bettina Schmidt-Matthiesen, geb. 1960. Studium der Kulturpädagogik, langjährige freie Mitarbeit in Hörfunk und Fernsehen in den Bereichen Kultur, Aktuelles, Regionales.

Martin Maria Schwarz, geb. 1963 in Frankfurt/M., studierte Germanistik und Kunstgeschichte in Marburg, seit 1997 als Redakteur, Autor, Moderator und Sprecher in der Hörfunk-Kultur des Hessischen Rundfunks tätig, zahlreiche Veröffentlichungen als Sprecher von Hörbüchern.

Jochanan Shelliem, geb. 1953 in Haifa, studierte Pädagogik und Musik in Frankfurt und Bogotá. Seit 1978 arbeitet er als freier Journalist für die ARD.

Ulrich Sonnenschein, geb. 1961, studierte Germanistik, promovierte über Arno Schmidt, war Lektor an der Universität Limerick, Irland, und ist seit 1989 Autor, Moderator und Redakteur beim Hessischen Rundfunk. Publikationen zu Hessen und zur Jugendkultur.

Peter-Christian Witt, geb. 1943, Studium der Geschichte und Nationalökonomie, Professor für Sozial- und Wirtschaftsgeschichte an der Gesamthochschule Kassel.

Eva Zaher, geb. 1954 in Friedberg, studierte Germanistik und Wirtschaftspolitik in Frankfurt, seit 1987 Wirtschaftsredakteurin in Hörfunk und Fernsehen des Hessischen Rundfunks.